Chiner à Paris
Petit guide des antiquités et de la brocante

巴黎古董
初階購物手札

U0064987

文 ｜ 李顏 · 圖 ｜ 陳園樵

目錄

巴黎古董
初階購物手札

目
錄

巴黎古董
初階購物手札

前言

三年前的我開始在巴黎逛舊貨市集。

不像在台灣那種賣舊衣舊玩具、文青手創小物
的跳蚤市集，巴黎，或者可以說是普遍在西歐，
所謂的舊貨市集（brocante）常常跟古董商販
（antiquités）合在一起，這類型的攤商除了
有別人不用的二手雜物，也有純收藏性質的高
檔物件。於是在一攤攤三歐五歐的便宜二手貨
之間，可以看到一些販賣珍稀老舊藝品的攤位
夾雜其中。銀器餐具、小雕像、菸盒、燈台、
玻璃器皿、梳妝用品 …… 這些東西伴隨著一代
代家族的生活流傳下來，不管是家用品還是純
粹的裝飾藝術品，因為持續積累了日常生活的
溫度，而有了時間才能造成的質感。在舊貨市
集淘貨的真正樂趣就在這裡，除了撿便宜之外，
還能挖掘一去不復返的時光寶藏（當然，這類
的物品就不是永遠都很便宜了）。

從手工物品到機器製作，從中世紀到上世紀
60 ～ 70 年代，古董和舊貨所涵括的範圍廣大
無邊，即使市集逛了一百遍，永遠都可以發現

未知的東西。同樣是老舊物品，卻會因為年代、
用料、類型而有價值上的差異。除此之外，不
像百貨商場的商品有固定的價錢以及折扣規則，
在這裡，價錢會隨著一個時節的流行而浮動。
賣價便是根據市場對商品的渴求程度加上商家
衡量收益後自由決定的價錢，而買家能彈性砍
價，雙方達成共識後交易自然成功。除非商家
有特別標明可以退貨，不然這樣的市場並不存
在買貴退貨或免費試用期的保障。買完就沒有
後悔的機會了，也因此許多人在逛市集時會對
價錢再三猶豫，害怕買貴受騙，被商人削了一
筆。

如何分辨物品的好壞以及它的價值？如何順利
地與商人們講價打交道？還有最重要的，如何
欣賞老件物品的美麗，了解收藏它的意義？在
市場流連即將邁入第四年的我，決定將所學的
心得整理出來，給同樣想要進入這個世界的新
手們一個輕鬆又實用的指南，也就是這本書誕
生的原因。

前言

5

巴黎古董
初階購物手札

以綜合旅遊指南、遊記散文、百科全書的形式，以我所生活的城市，也是藝術交易最為活絡的巴黎為中心，向大家介紹市場上常見的物品、古董舊貨的區別、市集的生態、去哪裡尋找市集等等。

前言

希望讀者們能夠在這之中得到樂趣，並在下一次的旅遊時盡情探索這個獨具歐洲傳統的迷人世界。

巴黎古董
初階購物手札

舊貨 v.s. 古董

巴黎古董
初階購物手札

舊貨 Brocante

今日在法國被稱為舊貨商（Brocanteur）的這個職業擁有相當悠久的歷史。早在古羅馬時代，人類就有舊貨出清的習慣，是家家戶戶隨時都可以行使的小買賣。在法國，舊貨買賣從私人交易發展成正式商業可以從中世紀開始追尋。

§
中世紀的雜物交易

在天主教信仰興盛的 14 ～ 15 世紀，因為遠征東方的十字軍和西歐各地朝聖之旅的需求，二手交易隨之而生。大家開始把自己的破鞋子、舊衣服拿出來賣，其中也有些人把家中的珍貴器皿讓出，以便籌得優渥的旅費。一開始，有些撿拾廢鐵和雜物的零售商挨家挨戶地敲門，一邊蒐集物品一邊向路人兜售。漸漸地，這些街上的流動攤販聚集起來，形成了固定的露天市集。小販的聚集促使了工會的形成，有些甚至不再只賣別人家不要的二手物品，開始與提煉金屬、使用木頭的工匠們合作生產。屬於供貨端的工匠們也開始細分職業，整個市場組織便是在此時開始建立脈絡。

§
17 世紀　今日舊貨商的原型

雖然舊貨交易從中世紀就存在了，但今天我們

所能看到的舊貨商人的原型其實源自於 17 世紀，brocanteur 一詞也是在這時候開始被使用。此時的法國王權發展至頂端，法王路易十四決定要將市井小民的雜物交易（marché bric-à-brac）納入管制：原本隨撿隨賣的街頭買賣被禁止了，從此開始想要做雜貨交易的商人必須向國家機構呈報商品資料。東西的來處、用多少錢購入／賣出、東西的大小／用料／品項都要一一登錄。這項機制也持續流傳至今，如今以舊貨商／古董商為正職的人們都要配備一本登錄冊（registre de police），詳細地登錄每項交易記錄。

舊貨 V.S. 古董

9

現今商人使用的登錄冊 registre de Police
賣出的品項、買家的聯絡資訊、交易價格等等都必須詳實地記錄在這一本登錄冊裡。

巴黎古董
初階購物手札

§

18 世紀 古董與舊貨的分離

高級藝術品和古董的交易在舊貨市場中增長。
到了 18 世紀，古董藝品與舊貨的區別開始鮮明
起來。由於市集交易的興盛，許多有錢的布爾
喬雅階級（bourgeois）與貴族收藏家開始進入
市場搜尋精美的藝術品，如畫作、雕像、高訂
傢俱等等 …… 為了回應新興階層的客戶，商人
也開始專精販售的品項，某些富含學識與經驗
的人開始只販賣優良且有一定年代的「古董」
（antiquités）。

有價值的東西變多了，想當然爾，偷盜的事件
也跟著增長。因為擔心買到贓物，人們愈來愈
少向正職舊貨商以外的人買東西，並在每次交
易時登記下商販的資料，以防買到贓物後造成
的法律糾紛。

1780 年，古董商以外的雜貨商們也開始分門別
類：賣舊衣布料的、賣廢鐵的，每個人都有專
門的項目。剛剛所提到的登錄冊也是在這時候
出現。

§

19 世紀

到了 1818 年，巴黎警察局決定對商人們實施新
的管制：每個向政府登記的商人都要配備一個

銅牌，上面刻有商人的名字以及警察局所發放
的登記號碼。除了早就存在的商品交易管制之
外，現在起連商人的身份都有更嚴格的控管。
這個銅牌之後被所謂的舊貨商執照所取代，並
分成「固定商家」（marchand sédentaire）
和「流動攤販」（marchand ambulant）兩種，
分類愈加詳細。

§
20 世紀～今天

在 21 世紀的今日，舊貨商依舊販賣著各式各樣
的二手物品。舊貨商一詞的定義，即是有正牌
商業登記為「舊貨商」的商人。然而在法規之
外的現實中，這個名稱的定義卻又出現了許多
變化。這樣的變化多在與古董商做區別時出現，
比如曾經在某個時期，人們將沒有固定店面、
只在流動市集出現的攤商稱作舊貨商，而擁有
店面且販賣專精品項的稱作古董商。這個分類
很快地變得曖昧模糊，因為隨著時間過去，許
多舊貨商也開始擁有自己的店面，並把舊貨與
古董兩個詞都擺在自己的店名上。而許多沒有
專精品項，但販賣古董藝品的古董商，也會稱
自己為舊貨商。兩個名詞的界限並不清楚，而
在今日的雜貨市集，兩者通常也都是一起出現，
市集的名稱也往往將兩者擺在一起（Brocante
et Antiquités）。在現實狀況中，若我們真的要

舊貨 v.s. 古董

11

區分兩者，最普遍的定義還是由販賣的商品類型來做分別。被稱作古董商的，簡單來說是以販賣品質較好、物品年齡超過一百年、價格也相對高的藝品的商人。甚至可以說，古董商就是在舊貨交易中逐漸專精的佼佼者。兩者之間的分別會在下一章節做更詳細的解釋。

舊貨：什麼都賣 什麼都不奇怪！
左上 / 彩色石頭的孔明棋盤 Solitaire
左下 / 菸盒 Tabatière
右 / 造型溫度計 Thermomètre

舊貨 V.S. 古董

12

古董 Antiquités

§

16 世紀 Antiquaire 一詞的起源

Antiquaire 這個詞在今日是古董商的意思。然而在幾個世紀以前，他指的是對古代文化有所研究的高知識份子。Antiquaire 一詞最早出現在 16 世紀，差不多是文藝復興的晚期。從義大利開始的考古熱潮蔓延到了西歐各國，有錢有學識的貴族和商人們開始蒐集古希臘羅馬時代所留下的雕像、繪畫和建築碎片。王公貴族們開始建立自己的收藏，並在研究這些藝術殘骸的同時成為了藝術史的專家。

啓蒙時代的狄德羅（Diderot）在百科全書（Encyclopédie）裡寫下了他對 antiquaire 一詞的定義：「研究錢幣、書籍、雕刻、壁畫等一切古代建築與藝術的人們。換言之，是照亮過去歷史的人們」。由此可見，Antiquaire 一詞直到 18 世紀都維持著同樣的意思，也就是熟絡古希臘羅馬文明的學識份子、收藏家。在這個時候的 antiquaire，可以說與後來的考古學家（archéologue）身份十分接近。

舊貨 v.s. 古董

13

§
17～18 世紀 重要收藏的誕生

在法王路易十三與路易十四（1610～1715）的時代，法國的王權發展到了巔峰。富裕的王族和大臣們在這時建立起許多重要的藝術收藏，而這些人大多都聚集在首都巴黎，巴黎儼然成為藝術交易的重鎮。這個時期的收藏以古代物品和義大利文藝復興的畫作為大宗，為了客戶尋找重要畫作和古代器物的商人們，也因工作需要而成為了學識豐富並熟悉古董的人。也是在這樣的市場出現之後，antiquaire 一詞開始跟販售老舊藝術品的商人有了連結。

隨著貿易活絡和國家的壯大，某些當代的物件也變得炙手可熱，收藏品的項目也愈趨多樣。比如曾經流行一時「珍奇寶物室」（Cabinet de curiosités），就是藏家們擺放從世界各地搜羅來的怪奇之物（羊的腎結石、骷髏頭、珊瑚等等）的收藏室。由於國家的富裕和國際貿易的發展，有錢有閒的貴族和布爾喬雅開始向工匠訂製高級傢俱和餐食器皿。傢俱和飾品的訂製又促使了中間商的興起。一直到法國大革命前，18 世紀的客人們不直接與工匠接觸，而是向專職的中間商人們下訂單。商人們接到訂單之後，依照客人的要求將訂單發放給適合的金銀工、細木工、銅工等製作。這個時期所製作

的傢俱器皿在當時並不算是古董，也不算是真
的藝術收藏品，然而在三百年後的今天，他們
成了最為人追尋的古董物件。

§

今日

巴黎的藝術市場生態在 18 世紀大致底定，之後
即便歷經了大革命和多次政變，市場的交易都
未曾真正中斷。在 21 世紀的今日，古董商已由
純粹的知識分子變成了一個專業商人的類別。
今天我們所稱作 antiquaire 的古董商們，是一
群專門販售年齡超過一百年以上的傢俱、擺飾、
家用器皿、畫作、雕塑等古董的商人。

與舊貨商最大的不同之處在於古董商通常都有
其專精的項目，並有能力鑑定物品的真偽。一
般來說，古董商必須保證其商品的真實和品質，
若物件本身在收入商店時有損毀，古董商必須
將其修復到最好狀態才賣出。舊貨商的責任相
對減少很多，他們可以隨意的買賣各種老舊器
物而不對其狀態和真實性負責，也就是找到什
麼賣什麼，並可以商品購入的原狀態賣出。就
像上一章節所提到的，古董商可以說是專精且
高級化的舊貨商。

舊貨 v.s. 古董

15

尋找高品質老件的古董商們又可以再分為以下
三種：

1. 雜貨型 Marchand généraliste
沒有專精的年代和專精的品項，在雜貨型古董
店裏可以同時找到各時代的各式物品。

2. 專業型 Marchand spécialiste
只販售單一類別或特定時代的物品（18 世紀銀
器餐具、新藝術玻璃器皿、19 世紀油畫 .... 等
等），專業型古董商時常也是該領域的專家或
鑑定師。

3. 藝廊&藝廊主 Galerie & Galeriste
所謂的藝廊（galerie）在法文中包含了多種類
型，是個定義模糊的詞彙。這個詞可以是城堡
裏的一條長廊、可以是一間現代藝術的藝廊、
甚至是一個博物館的名稱（如倫敦的國家藝廊
National Gallery）。這個詞源自於義大利文的
galleria，最早是用來指稱教堂門廊。在藝術市
場的範疇內，galerie 通常是指展售專門類別並
俱有一定品質的藝術品的商店。許多古董商都
擁有自己的「藝廊」，這樣的店家通常都是精
品級別的，表示商人在品項的篩選上更加嚴格，
通常這樣的店家價位也都比市集攤販高出許多。
藝廊的老闆就是藝廊主 galeriste，這個稱號也

給人比 antiquaire 更加高級的感覺。不過，古
董商店只是藝廊的一種，藝廊不一定等於古董
商店，他也可以是展售現代藝術作品的商家。

精品舊貨 Vintage

vintage 最開始的意思是「標有釀造年份的葡萄
酒」，這個詞傳到英國後衍生出了「製作精良
且珍稀的藝術品」的意思，開始被運用在時尚
和珠寶的領域中並再度傳回法國。約莫在 1980
年間，vintage 又開始有了新的涵義，意指老
舊、復古的設計。如今在古董舊貨市集上，有
時也能見到這個詞的運用，但相對少見。如果
說古董的官方定義是超過 100 年以上的物件，
Vintage 則是年齡少於 100 年，也就是 20 世
紀所產出的東西。然而對於 20 世紀的物品，
通常還是以年代（戰前 / 戰後、50 年代、60 年
代 ......）或是特定的流派（新藝術、裝置藝術
時期）來細分。今天，vintage 除了「精品」、
「復古」兩個意思外，也用來指稱仿舊的當代
作品。在古董市場的範疇內，vintage 以「精品
舊貨」的意思為主。

舊貨 v.s. 古董

17

古董 v.s. Vintage？

根據法國國家稅法對古董藝品的官方定義，古董為歷史超過 100 年的物件。在過去幾年，100 年也是市場商人對於「古董」的普遍基準。然而隨著時間過去，愈來愈多專精於新藝術（1880～1910）和裝飾藝術（1910～1940）時期的商家出現。這兩個時期的流派風格明確、且今日已不復存在的藝術類別，漸漸被商人歸類為古董。裝飾藝術流派距離今天尚未達到 100 年，近期商人們便將定義中的 100 年調整為 70 年，以便囊括新藝術和裝飾藝術時期。

18

古董類型學
Typologie
des
marchandises

巴黎古董
初階購物手札

傢俱 Mobilier

17 世紀以前的法國傢俱 (meuble) 是非常少見的。以前一般人家裡並沒有所謂的隔間，吃飯如廁睡覺都是在同一個房間內解決 (要吃飯的時候搬張桌子，睡覺時搬床，需要上廁所時就用尿壺，唸書時再搬一次桌子......)。現今所發現最早的傢俱出現在中世紀。當時的傢俱種類也非常有限，最常見的為長條形的箱子 (coffre)，以單一木頭建成並用鐵片加以固定，幾乎沒有裝飾，非常樸素。文藝復興時期開始出現了木刻裝飾繁複的傢俱，將古希臘羅馬的建築元素裝飾在箱子和櫃子等物件上。進入 17 世紀以後，對於木頭種類的運用開始多元化，傢俱上也開始出現了木頭以外的素材，如象牙 (ivoire)、大理石 (marbre)、染色龜殼 (écaille de tortue)、瓷版鑲嵌 (marqueterie de porcelaine) 等，並使用多種木頭如橡木 (chêne)、冷杉木 (sapin)、烏木 (ébène) 等等做組合拼接。

目前市場上最常見的古董傢俱主要以 18 和 19 世紀的產品為大宗。兩個世紀之間，隨著生活品質的改善，王公貴族的家裡開始區別各個廳室的功能，有了宴會廳、廚房、臥室、書房、長廊等不同的空間，傢俱也開始因應廳室的需

求而有多樣的變化。也是在這個時候，法國的
傢俱工藝達到了頂尖的水準，無論在美感和功
能方面都有非常優良的發展。即便當時歐洲其
他地區也有生產傢俱，但都無法與法國出產的
品質匹敵。此時的法國傢俱可以說是品質公認
第一的，甚至會把高訂傢俱當作外交禮物送給
臨近的國家。

風格演變

傢俱也有自己的時尚歷史，每個時期都有慣用
的材料和固定的形式。熟悉這些特定的風格便
可初步辨別物品的年代。傢俱風格的轉變與歷
史上的各個時期大致吻合，因此大家習慣將法
國傢俱的年代風格分為以下幾種：

§

中世紀 Moyen Âge（13～14 世紀）

樸素的木造品，數量稀少，在市場上是幾乎看
不見的。

§

文藝復興 La Renaissance
（15～16 世紀）

大量的木雕裝飾，填滿傢俱的每一個縫隙，體積
厚重，外觀裝飾密集而繁複。這時期的裝飾與

古董類型學

21

建築風格吻合，充滿了女像柱（caryatide）、怪面飾（mascaron）、獸面、漩渦葉飾（rinceau）等等。

§
路易十三 Louis XIII（17 世紀）

路易十三的時期開始出現了新型態的傢俱，如擁有多支細腳的收藏櫥（cabinet）配有多個抽屜，中心多為一扇小門，打開可以看到以硬石（pierre dure）鑲嵌做出的迷你拼貼畫作。這時期開始用烏木做為鑲嵌木板，並以橡木或冷杉為骨架。高級製品中常有染色龜殼、象牙、珍貴石頭的鑲嵌。除此以外，17 世紀的傢俱大部份仍承襲了文藝復興時期的風格，充滿了漩渦葉飾、輪胎腳等等樣式。

22

路易十三風格的收藏櫥，1680 年間製
配有多個抽屜，中心多為一扇小門，打開可
以看到以硬石（pierre dure）鑲嵌或木板
鑲嵌做出的迷你拼貼畫作。

古董類型學

23

§

路易十四 Louis XIV
（17 世紀末 ～ 18 世紀）

抽屜櫃（commode）開始普及，並逐漸取代收藏櫥成為王公貴族家裡的必備傢俱。抽屜櫃是靠在牆邊的收納櫃，擁有兩到三個抽屜，有時還有邊門，依照牆壁鑲木的比例有一定的高度限制。此外，壁櫥（armoire）也擁有了新的型態，不同於文藝復興時期多為兩節式四扇門板的厚重模樣，路易十四時期的壁櫥為一節式，並擁有高大的長方身形與兩扇門板。這時期的法國出現了新的職業：細木工（ébéniste），專事傢俱上的鑲嵌裝飾。這時期最有名的裝飾為工匠 Boulle 與他的金屬片鑲嵌技術。路易十四時期的風格常被稱作為巴洛克風格

路易十四時期的桌子
路易十四時期的傢俱形態厚重繁複，也被稱為巴洛克風格，充分反映了國王氣勢滿點、豪奢浮誇的人格特質。

古董類型學

24

（baroque），這個風格完全地反映了國王的
人格特質，氣勢滿點而且浮誇。金色的小天使、
女人像（espagnolette）還有圓潤飽滿的葉飾
是這時期常見的裝飾。

§

攝政時期 La Régence （1715～1723）

介於路易十四指標性的巴洛克風到路易十五細
密精巧的洛可可風之間的過渡期，也剛好是路
易十四去世、路易十五即位前，由攝政王奧爾
良公爵（Philippe d'Orléans）所執政的時
期。此時期的傢俱體積笨重，常見的抽屜櫃比
前期的體積更加笨重，貼近地板的龐大身軀
（corps）為其特色。

§

路易十五 Louis XV /
洛可可風 Style rocaille （18 世紀）

18 世紀初期發展出的洛可可風（rocaille），特
徵為不對稱、充滿流動感的裝飾風格。文藝復
興～路易十四時期所愛用的古典建築元素消失
了，取而代之的是彎曲交錯、繁複茂盛的植物
圖案。一般認為 rocaille 一詞最開始的意思為
「不對稱的石頭群」，而在之後被用來形容路
易十五時期傢俱、藝品上會出現的「撕裂型邊
角」、不對稱的葉飾等特徵。不只是傢俱上的

25

古董類型速學

裝飾圖案,甚至連傢俱本身的身形都是彎彎曲曲的,充滿植物生機的律動感。此外,這個時期的歐洲受到了中國風的熱潮影響,在許多物件上也會有充滿中國味的人物和動物。洛可可也是最受亞洲客人喜愛的風格,在市場上非常受歡迎。

路易十五時期的小桌子,
邊角、桌腳呈波浪狀。

古董類型學

26

古董類型專享

17～18世紀的傢俱上習慣以銅鎏金的配
件作為鑰匙孔、把手和邊角固定。圖為路
易十五時期邊櫃上的銅飾，形狀為不對稱
的流線型，與後來路易十六時期的方正風
格有明顯的差異。

27

§
路易十六 Louis XVI /
新古典主義 Néo-classicisme
（18 世紀中後期）

新古典主義（néo-classicisme）由一群知識份子所發起。18 世紀中晚期，許多學者批評洛可可「病梅」式的彎曲風格，並吹捧古希臘羅馬時期方正且典雅的建築裝飾。於是自 1760 年代開始，法國的傢俱開始捨棄彎曲不對稱的形態，變成方方正正且裝飾內斂的風格。古希臘羅馬建築的裝飾又開始出現在傢俱上：如羊頭、獸腳、漩渦裝飾、蛋頭飾、花圈等等。

路易十六時期的靠牆桌 （table de console）外型方正、裝飾簡約。

古董類型學

28

路易十六時期的椅子

古董類型學

29

§
拿破侖帝國時期 / 帝國風 Style Empire
（1804～1815）

自法國大革命導致波旁王朝失勢，19 世紀初由
拿破侖建立的短暫的帝國時期。出征埃及回來
的拿破侖帶來了許多古埃及的殘骸，並派遣考
古團隊繼續在遺址上挖掘古埃及文物。人面獅
身、老鷹等埃及元素結合了前朝的新古典主義，
變成了專屬拿破侖稱帝時期的帝國風。這時期
的傢俱造型更加方正簡約，並喜歡使用桃花心
木（acajou）配上鍍金銅飾。

帝國風三腳桌，桌腳
採用人面鷹身的埃及
元素。

古董類型學

30

§
路易菲力時期 Louis Philippe
（1814～1830）

拿破侖帝國崩解之後迎來了波旁王朝短暫的復
辟（Restauration 1814～1830），1830 年後

則進入了奧爾良家族的統治，也就是我們俗稱
的「七月王朝」(Monarchie Juillet 1830～
1848)。這段期間帝國風隨著拿破崙的敗逃迅速
式微，傢俱上的風格開始變得內向樸素。這個
時期的統治者為奧爾良家的路易菲力，因此我
們習慣稱這個時期的傢俱風格為「路易菲力時
期」。這段期間並沒有一個顯著的風格，然而
時逢工業興起，工匠開始被機器所取代，因此
這時期最有代表性的是最初由機器製造出的傢
俱。沒有手工才能達到的細緻雕刻，機器製件
致力於生產外觀樸素而舒適的傢俱，使一般大
眾更能觸及。少了精細的銅、木雕刻和鑲嵌，
路易菲力時期的傢俱以深色的木頭如桃花心木、
櫻桃木 (cerisier) 為主要素材。物件的邊角
通常是圓滑的波浪曲線，其中以「傘型支腳」
(pieds en parapluie) 為典型，是這時代的
一個創新。

古董類型學

31

路易菲力時期的桌
子，擁有圓滑的大
波浪曲線、傘型支
腳等特徵。

巴黎古董
初階購物手札

§

拿破侖三世時期 Napoléon III/
折衷主義 Eclectisme（1852～1870）

拿破侖三世時期也就是「第二帝國」時期
（Second Empire），傢俱裝飾又開始繁複起
來。第二帝國時代的人們擁有濃厚的懷舊情結，
無論在文學或藝術等方面都相當嚮往過去。雨
果在鐘樓怪人中為聖母院所做的描寫，也屬於
嚮往中世紀歌德文化的懷舊之流。在傢俱工藝
的表現上，多種復古元素相互融合，達到了新
的頂點：中世紀歌德建築元素、文藝復興時期、
路易十四～十六時期甚至是拿破侖帝國風，都
在這個時代結合並有了更加多樣化的形式，因
此我們也稱為折衷主義「éclectisme」，意思
是採用多種不同的元素而創作出新作品。許多
在大革命以後被捨棄的舊工藝（如染色龜殼金
屬鑲嵌、仿中國漆的馬丁漆 vernis Martin、
瓷片鑲嵌等）都再度興起，銅鎏金（bronze
doré）的雕飾和木板鑲嵌也重新出現，給傢俱
添上了華麗的外觀。

在一件拿破侖三時期的傢俱上可以看到多種時
期風格的結合，比如路易十四的全金色浮誇雕
刻配上路易十五的彎曲支腳、新古典時期的漩
渦邊飾配上仿中國屏風的黑漆木板等。

§
新藝術時期 Art Nouveau

充滿伸展性的細長線條，令人聯想到生機勃勃
的植物根莖。花朵、昆蟲、植物以及身材修長
眼神勾人的致命美女（femme fatale）是這
個風格的標誌。新藝術是全歐洲的風潮，在各
國有不同的風格，但全部集中在 1870 ～ 1910
年間，是個相對短暫的潮流。在這個時期有英
國的 Arts & Craft 工藝運動、西班牙的高第建
築，以及比利時和法國的「新藝術」。法國的
新藝術流派除了為巴黎地鐵站設計入口的吉瑪
（Hector Guimard，建築領域）之外，最有
名的就是南西流派（école de Nancy）的加雷
（Émile Gallé）的作品。加雷是標準的裝飾設
計家（décorateur），
涉足傢俱、燈飾、玻璃
器皿、陶瓷等多方領域。

33

加雷作品：小儲藏櫃
裝飾設計家加雷的作品，
是新藝術時期南希流派的
代表人物。新藝術時期喜
愛細長彎曲的線條、植物
圖案。

古董類型學

34

新藝術南西流派傢俱的木頭鑲嵌以花草
昆蟲的自然風景為主。加雷作品。

§
裝置藝術時期 Art Déco

約莫在一戰～二戰期間，歐洲大致已工業普及化。民主的思潮使得昔日貴族幾近消逝，傢俱不再只限於有錢人能夠訂製的高檔商品。早在新藝術時期就有將傢俱普及於大眾的想法，到了裝置藝術時期，這個思想才算是全面地擴展。裝置藝術時期的傢俱以極簡的幾何圖形為最大特徵。另一個特點，是開始大量使用金屬製件，木頭傢俱相對少見。裝置藝術時期跟新藝術時期一樣非常短暫，不過其影響相當深遠，一直到今天都能夠看到相似的摩登設計。

裝置藝術時期儲藏櫃

古董類型學

35

古董類型學

36

* 新藝術和裝置藝術皆是全面化的藝術運動：建築、室內設計、畫作、畫報、雕像、裝飾品 …… 等等，並非只限於像俱領域。

裝飾藝品 Objet d'art

藝術品（Oeuvre d'art）在西方通常指的是建築、畫作、雕塑三大類型，屬於「純觀賞級」的最高藝術形態。而裝飾藝品（Objet d'art）指的便是俱有藝術感設計的實用物品，意義上趨近於裝飾用品（Objet de décoration）的概念。其涵蓋的範圍相當廣闊：燈座、墨水檯、鐘、餐具、杯盤、小型的家居擺飾品等等，都可以歸類為裝飾藝品，並再依功能細分為燈飾（Luminaire）、鐘（Horlogerie）、餐桌藝術（Arts de table）等多種類別。大部份的物件體積都比傢俱小，因此在材質方面較為多樣，如金、銀、銅、鐵、錫、玻璃、水晶等製品。此類物件的風格方面與傢俱的演變吻合，形式上都與前面所述的風格流派相符。今天在市場上最能見到的古董物件數拿破侖三世、新藝術時期、裝飾藝術時期的最多。

§

時鐘 Horlogerie

座鐘、立鐘、掛鐘這幾種形式為主。17～19世紀的時鐘有銅鎏金、染色龜殼、大理石、陶瓷等多種材質，與傢俱上會出現的材質相同。時鐘在形式上的表現更加自由多樣，也時常與小雕像做結合。

37

古董類型學

古董類型學

路易十五座鐘
繁複、不對稱的銅鎏金葉飾，形態彎曲。

古董類型學

路易十六座鐘

新古典主義，裝飾令人聯想到古希臘羅馬的建築、雕刻元素，並常加上小雕像（女人像、小天使像、動物像）作為裝飾。此件作品將座鐘與燭台結合，是當時常見的多功能的日常裝飾用品。

39

古董類型學

40

路易菲力座鐘

轉變為簡約的風格,以凸顯木頭的顏色
為主,風格素雅。座鐘兩側為放置鑰匙
的配件,是以往座鐘時常會有的配備。
保留原始配件的座鐘價值比單個座鐘要
來得高。

古董類型學

41

拿破侖三世時期座鐘

喜愛採用路易十五時期的洛可可風格，並在
細節上混入其他的樣式。

§
燈飾 Luminaire

從 17 世紀的蠟燭臺到工業革命之後所發明的電燈都算在燈飾的範圍內。17、18 世紀的燭台以漆金木頭、純金、純銀、鍍金、鍍銀器為主，到了 19 世紀晚期，燈飾在新藝術運動下有了革新的發展，燈泡的發明使照明器具的形式更加多樣化，彩色玻璃燈罩、其他金屬材質的支架等等都加入了燈具的設計中。

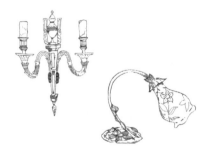

古董類型學

42

左 / 路易十六時期的壁掛燭台（applique）採用古希臘羅馬的古典建築元素，材質以漆金木頭為主。

右 / 新藝術時期桌燈
由於同時期的玻璃工藝發展相當興盛，燈飾多擁有華麗多樣的玻璃燈罩。

古董類型學

新藝術時期桌燈

左為多姆兄弟，右為加雷作品。

43

＊餐桌藝術 Arts de la Table

直到 16 世紀中期以前，法國人吃飯時仍習慣在長桌、長椅（banc）上進食。當時的餐具相當貧瘠，以男人平時佩戴的長劍作為切肉的刀子，大家共享酒杯，且直接用手抓食物吃，餐具和餐桌禮儀等等的概念可以說是不存在的。最早發展餐桌文化的國家是義大利，文藝復興時期崛起的富商帶動了工藝的發展，富人們的飲食文化方面有了顯著的躍進。1536 年，嫁入法國王室的凱薩琳梅蒂奇將義大利的陶器餐盤、兩角叉等餐具當作嫁妝帶入了法國，為法國宮廷飲食帶來了全新的改變。也是差不多在同一時間，北方尼德蘭地區的哲學家伊拉斯莫（Erasme）出版了歐洲第一本「禮貌指南」（論兒童教養 Civilitas morum puerilium，1530 年出版），其中詳盡地記載了關於言行舉止的禮儀規範，包括吃飯時該有的規矩、順序，甚至還教授人如何調整心境以便享受一頓餐點。人們開始重視吃飯這件事，可以說是 16 世紀以來全歐洲的文化運動。

自從梅蒂奇皇后的到來，法國的宮廷生活有了顯著的改變：凱薩琳除了為法國引進新穎的兩角叉子，也帶來了美麗的陶製餐盤。餐盤的引

古董類型學

44

入使得餐飲開始「個人化」：每個人開始有專
用的盤子、大家共用的長椅也被一張張的單人
椅所取代。酒杯、水杯等容器的功能開始細
分化，材質也從鐵質變成了銀杯、玻璃杯、
水晶杯；餐具的類型也逐漸增多：專門切肉
用的刀子（couteau）、抹醬用的刀子、叉子
（fourchette）、大小湯匙（cuillère）......等
等，都陸陸續續地出現了。所謂的餐桌藝術就
是在這個演進中逐漸地形成，並在 18 世紀時達
到了巔峰。餐桌藝術涵蓋了所有的餐具形式，
也包含了由多種材質所做出的物品，其中尤以
金器銀器、陶瓷、玻璃水晶等材質為大宗。

古董類型學

45

凱薩琳梅蒂奇引進的兩角
叉子，是法國開始使用餐
具進食的開端。

巴黎古董
初階購物手札

金器與銀器
Orfèvrerie et argenterie

金銀工藝也是非常古老的一門技術，在過去幾個世紀以來廣泛的運用在製作餐具器皿。這項工藝在 18 世紀達到了鼎盛，今日在市場上我們將其工藝獨立出一個類別：Orfèvrerie（金器）和 Argenterie（銀器），這兩個詞彙同時指稱金銀提煉技術和使用該質地所製作的物品。現今的市場上純金器皿其實相當少見，大多是鍍金。銀器則隨處可見，無論是純銀（argent massif）或鍍銀（métal argenté）都相當受到法國人的喜愛，算是市集上最常見的古董類型。對於老一輩的法國人來說，做工精緻、品質優良的銀器不只是家傳收藏，也是日常生活的用具。

§

控制章 Poinçon

金與銀屬於高級金屬，使用這兩種金屬製作的物件都必須蓋上政府認可的控制章。

使用控制章的目的有兩個：

1. 使用該高級金屬的繳稅證明
2. 證明金屬的質量有經過檢驗認證

每個國家的控制章長相不一，不同年代也有不

同的章樣。在法國，控制章在中世紀時出現
（12～13世紀），並且有工會負責系統性的
管制。雖說是系統性的管制，但是每個地區的
工會都有自己的做法，也有自己的章樣。一一
對比各時期各地區工會所使用的章樣，是鑑定
金銀器最難的地方。控制章的規格在法國大革
命之後才開始統一簡化。以現今市面上較常見
的銀器為例，我們習慣將器皿上的控制章分成
兩大類型：

1. 大革命前的舊時代（Ancien Régime）擁有
四種章紋，輪廓皆為不規則形狀：

工匠章 Poinçon de maître

以巴黎銀器為例，典型的工匠章上會有工匠名
字的縮寫（AB）＋所在的城市的象徵圖案（圖
為代表巴黎的百合花）＋左右兩側的小點點
（grains de remède，為舊時代控制使用銀的

重量的認可圖案）＋皇冠。巴黎以外的城市則
不一定會有小點點和皇冠，可能只有工匠名字
的縮寫和城市象徵圖案。

工會章（字母年）
Poinçon de jurande （lettre-date）

經過公會認證金屬品質而蓋上的章就是工會章。
這個章也稱為「字母年」，因為其章樣是以字
母代表的年份＋城市象徵圖案＋皇冠所組成。
在章法紊亂的舊制時代，每個城市都有自己的
字母年表，所以必須根據該城市來查詢字母所
代表的年份。另外，有些城市的象徵代表本身
也是字母，所以容易搞混，必須注意。字母年
一般都在圖案的最下方。

古董類型學

48

圖為 1755 年的里昂工會章樣，擁有皇
冠、代表里昂城市的獅子、字母年 R。

稅章 Poinçon de charge

使用高級金屬製作物件前，必須帶著所要使用
的金屬到工會秤重、繳稅。根據使用的重量繳
完稅之後，就會蓋上所謂的稅章。稅章與工會
章的外形時常很相似，容易搞混。這時候可以
依據章的大小來區分，通常稅章是銀器上最大
的章樣。舊制時代的工會有任期的限制，每個
城市的每個公會根據任期有不一樣的章式。

圖為 1684～1687 年
間的巴黎工會稅章。

稅後章 Poinçon de décharge

49

為了確定工匠沒有在繳稅後自己偷加金屬，在
物件製作完成之後必須帶著成品去給工會檢驗，
確保物品的重量與之前繳稅的金屬重量相同。
合格的物件便會蓋上稅後章。稅後章是最小的
章，常常躲在物件接縫處等隱秘的角落，或是

直接重複蓋在稅章上面。這個章紋是四個章樣
中形貌最簡單的，通常是動物、太陽、水果、
香爐等單一圖案。

圖為 1775 年巴黎的稅後
章，圖案是一顆牛頭。

2. 大革命後的新時代（Nouveau Régime），
經歷了幾十年間的混亂期，在 19 世紀初逐漸簡
化成一種章紋，且開始統一使用幾何形的邊角。
從大革命（1789）到 1973 年期間，金銀器控制
章經歷了無數的改變，大致可以分為以下三個
時期：

-1798 ～ 1838 年間，舊時代的四種章樣被簡化
成三種：

工匠章 —>

製造商章 Poinçon de fabricant

所有的章樣都變成了方方正正的幾何形狀。為
了擺脫舊時代的稱呼，將工匠改名為「製造

古董類型學

50

商」，外框皆為菱形，橫豎不拘。框內有製造
商的名稱縮寫以及專屬該製造商的小圖案。

工會章 ─>
金銀認證章 Poinçon de titre

1789 年後，法國統一將高級金屬的認證數字化，
金器有 1 ～ 3 三個數字等級，銀器則有 1、2 兩
個數字等級。以銀器來說，認證章在 1789 ～
1838 年間曾變換過多次樣式，除了不一樣的公
雞形態，也有米開朗基羅頭像等其他圖樣。

古董類型學

51

圖為 1819 ～ 1839 年
間的 1 號銀器認證章。

稅章、稅後章 —>
繳稅證明章 Poinçon de garantie

繳稅證明章也經過數次更動，並會依據銀器的
大小而有不同的圖樣，如老人頭、女人頭等等。
偶爾也會出現頭像兩側加上數字，代表省份號
碼的樣式。

圖為 1809 ～ 1819 年間
巴黎中型銀器的章樣。

-1838 年後，三種章樣再度簡化為兩個章樣：

製造商章 Poinçon de fabricant
（樣式不變）

52

金銀認證章、繳稅證明章 —>
保證章　（米涅芙章）

1838 年後的金屬、繳稅證明二合為一，變成了
俗稱為米涅芙的保證章。米涅芙 Minerve 也就
是希臘神話中的女戰神雅典娜（Athena），米
涅芙為她的羅馬名。

在市集挑選金銀器皿時，控制章是最好的身份
認證。當商人宣稱他的商品是純銀器皿時，最
快的方法就是檢查該器皿的控制章。另外，銀
的質量相當輕盈，鍍銀由於是加在別的金屬上，
因此拿在手上會有沉甸甸的感覺，這也是一個
相當容易的判斷法。外觀的色澤方面，鍍銀會
比純銀器亮眼許多，純銀器的銀色通常是比較
溫和的色調。鍍銀器皿生鏽時，外觀就能看到
從裡面透出來的合金黃銅色。

17 世紀 金銀器的消失

在路易十四統治中後期，法國與鄰近國家外戰
不斷，連帶影響到國內奢侈品的生產。1688～
1689 年間，為了因應戰場武器的供應，金銀器
皿的生產大幅縮減，路易十四也將自己皇宮內
所有以金銀絲裝飾的掛毯、金銀貼片鑲嵌的傢
俱全部拿去燒燬，只為融出足夠的金屬來製造
戰爭需要的武器。一個時代最華麗、最豪奢的
金銀器就這樣消失在團團大火之中。

古董類型學

53

風格流變

凡是與居家生活有連結的物品，在形式上幾乎都與傢俱風格的演變相符。以銀器來說，我們現在最常見到的是 18 世紀以後（路易十五時期開始）的物件，以洛可可、新古典、拿破崙三的混搭風、新藝術幾種佔最大比例。用途方面，刀、叉、湯匙、巧克力壺、咖啡壺、糖罐等餐桌上會出現的器皿最普遍，不過也有花器、鏡框、燭台、洗手盆、梳子等其他類型的用品。

新藝術時期花器
流線型的花朵裝飾與器皿表面完美貼合，
和同時期的傢俱擁有相同的形貌特徵。

古董類型學

54

女用旅行梳化箱

19 世紀。配有香水瓶、手鏡、指甲剪等多種
梳妝用具。剪刀、化妝瓶瓶蓋、手鏡背柄等
皆為純銀材質，是到 20 世紀都相當常見的銀
器用品。老奶奶的化妝箱是老一輩家庭裡的
常用物品，在家裡的老人過世之後，子孫們
若沒有傳承用品的意願，就會將這些代代相
傳的物件販售給古董商。

古董類型學

56

小咖啡壺 (verseuse)

19 世紀末。銀製的餐桌用品雖然在新藝
術和裝置藝術時期都發展出了不同於舊時
代的鮮明的風格,然而 19 世紀以來的製
件形貌大多還是偏古典的樣式,配上舊時
代不同時期的風格元素 (路易十五、路易
十六 ......),造型簡單典雅。

§
鍍銀 Métal argenté

鍍銀器具也是市集上常出現的物品。在銅合金
做成的器物表面鍍上一層銀，重量比純銀的器
皿大，價格也不比純銀物件來得高。即便如此，
做工完善的鍍銀器皿仍然俱有一定的價值，並
受到市場非常大的歡迎，是老一代家家戶戶都
會收藏的日用品。

鍍銀控制章樣

鍍銀器皿的控制章在 19 世紀中後期才出現，在
演變上比純銀器的章簡單許多。1985 年政府才
立定鍍銀控制章的正式規範，對鍍銀器皿上銀
的多寡標上標識。

古董鑑刑亭

57

圖為 1985 年後的鍍銀控制章範例，除了廠商名的縮寫
（OC）以及廠牌標誌（馬頭棋子）之外，左上角的羅
馬數字 I 表示鍍銀的質量（多）。此時的鍍銀質量只分
為 I（多）和 I I（少）。

在 20 世紀之後的鍍銀器皿上，我們大多只會看到兩種章樣：製造商的廠牌章和銀的重量標示，如數字 84 等於該器皿使用了 84g 的銀。

法國鍍銀大廠 Christofle

電鍍（électrolyse）的技術由英國人發明，於 1830 年開始廣泛地被運用在鍍金、鍍銀的工藝上。法國的家飾和餐具廠牌 Christofle 在 1842 年間將電鍍銀（argenture électrolytique）的技術引進法國，順勢成為了鍍銀器具的代表性品牌。電鍍技術是將銅合金器具和銀片放入電水之中，利用電解反應將銀吸附在銅合金的表面上，方法快速，並能將銀完美均勻地鋪在器物的表面。餐具製作起家的 Christofle 以餐桌藝術將銀器發揚光大，是獨佔市面的大廠牌。

58

Christofle 的 Logo，在其出產的鍍銀器上也有相同的字形章樣。

古董類型學

59

常見的 Christofle 餐具為刀叉 / 湯匙等
盒裝組合。

彩陶&瓷器
Faïence et Porcelaine

§

彩陶 Faïence

以義大利馬約里陶器（majolique）最為出名
的彩色陶器，是市集上常見的古董類別。從迷
你的糖罐到大型的裝飾物，彩陶的形式相當多
樣，厚實的陶土和亮眼的藍、黃、綠色是歐洲
彩陶的標識。法文中的彩陶（faïence）一字源
自於義大利的一個地名 Faenza，這個城市約莫
在中世紀開始製作陶器，並在 16 世紀時開始聞
名歐洲。博物館常見到的裝飾性圓盤就是這個
時期的產物，以描繪希臘羅馬神話故事為主，
色彩斑斕，構圖填滿整個空間，沒有絲毫留
白。在當時，一件正宗的馬約里陶器價值可與
金銀器皿互相匹敵。這時期的法王法蘭索瓦一
世 (François Ier) 非常欣賞義大利工匠的技術，
並開始招募他們到巴黎的宮廷裡工作。同一時
間法國其他地區如里昂、尼維爾等也開始製作
馬約里風格的陶器，法國本地的陶土工藝從此
開始發展。起初這些法國工作坊所出產的器皿
完全比照義大利馬約里的風格，以致於如今的
我們難以分別 16 世紀法國和義大利的陶器，不
過很快地，法國城市也開始逐漸發展出自己的
風格。

馬約里 Majolique

Majolique 一詞源自於西班牙的馬約島，在 8 ～ 15 世紀期間，中東來的阿拉伯人在這個島上設立據點，專門向隔壁富裕的義大利出口他們的「摩爾陶器」（faïence mauresque）。典型的摩爾陶器使用含金屬的釉料，外觀上會呈現銅色的美麗虹光。摩爾陶器讓義大利人們趨之若鶩，甚至想要模仿製造。在這個模仿的過程中，義大利便發展出了俱有本土特色的彩陶，也就是今天我們所稱的義大利馬約里。幾個世紀以來，馬約里幾乎成為了義大利彩陶的代名詞，但其實最開始它是義大利人用來稱呼馬約島來的舶來品的名字。另外，即使一講到馬約里陶器便會想到義大利，但事實上其他國家出產的彩陶，只要與義大利馬約里風格是一個脈絡的，都可以被稱作馬約里，如法國馬約里、荷蘭馬約里等等。不過這樣的叫法還是非常少見，畢竟義大利與馬約里間已經有不可分割的深厚關係，提到馬約里，最先想到的仍是義大利。

摩爾陶器 Faïence mauresque

最早的中東陶器，也有人稱作「光瓷」，藉由含錫的釉料，散發出炫目虹光的器皿。起源於中東伊斯蘭文化，摩爾陶器的生產最早可以追

古董頓荆草

61

溯到 8 世紀，也是中東人開始向西歐擴張、傳播伊斯蘭文化的時期。西班牙是伊斯蘭文化突破西歐境域的第一個據點，阿拉伯人在傳教之餘，就是在這裡開始向西歐出口他們的手工藝品。

文藝復興時期的義大利馬約里

器皿以大型裝飾圓盤、水壺等為主，多用希臘羅馬神話或古文學故事場景為主題，此外也有客製化的人像設計，將客戶的臉畫在器皿上，這些客戶多為王公貴族中的知名人物。主要顏色為黃、藍、綠色，色彩鮮豔、構圖繁複。馬約里陶器到今天也在不斷地推陳出新，如今市場上最常見的是 19 世紀的物件。16 世紀的珍品現今多在博物館中，但也不時會在拍賣場上現身，每次出現必是天價起標。

16 世紀馬約里大盤子

62

古董類型學

Made in France！法國製造
尼維爾陶器 Faïence de Nevers

位於法國中部勃艮地地區的城鎮尼維爾，是
16、17 世紀與里昂並列的製陶重鎮。尼維爾陶
器承襲義大利彩陶的技法，在 17 世紀時達到生
產巔峰，並作出了自己的市場區隔：尼維爾陶
器上的畫面開始留白，並出現只使用單一顏色
的繪圖。

經典尼維爾樣式

a compendario：白色底上繪製單色圖案、構
圖簡樸的風格。尼維爾出產的陶器中，圖飾最
長使用藍、黃兩色。

尼維爾綠：獨樹一格尼維爾綠，是稍嫌暗淡、
有點「骯髒」的綠色。低調的綠色葉飾佈滿白
色圓盤，並適時地讓出空隙，讓人覺得十分優
雅。

藍底白圖：尼維爾陶器的重要創新，在 1630 年
代～17 世紀末間廣受大家歡迎。鮮明飽滿的藍
色底配上白色為主、黃色為輔的圖飾，圖案以
花草為主，相當雅致。

滴蠟飾 à la bougie：同樣的藍底白圖，藍色底
上佈滿不規則的白色點點，看起來就像蠟油滴
在盤子上，因此稱為滴蠟飾。

63

18 世紀的庶民風格：在法國大革命的前夕，庶民文化開始興起並出現在陶器的裝飾上。餐盤不再以宗教、神話、文學的場景為主，平民的日常生活景象、通俗愛情小說、詩詞也開始成為主題。

愛情樹 Arbre d'amour

18 ～ 19 世紀時相當流行的繪圖主題：丘比特坐領「長」在樹上的男人們，樹下的女人們則想盡辦法要爬上去，或用其他種方法把男人擄下來。在盤子的周圍以及圖案的空際間會填上與愛情有關的當時的流行歌謠、詩詞，或是單純解釋人物的動作，相當有趣味。

古董類型學

64

Made in France！法國製造
盧昂陶器 Faïence de Rouen

位於巴黎近郊的盧昂其實是最早成立陶器工坊的城鎮，不過在工匠出身的首位創辦人 Masséot Abaquesne 逝世（1564）之後，盧昂的彩陶工坊就度過了一陣中斷期，直到 18 世紀

才又正式的復蘇。1720～1750 年間是盧昂陶
器的盛產時期，同時也是中國瓷器在歐洲最流
行的時刻，中國瓷器的紅綠彩、青花瓷、人物、
風景圖樣等也影響了 18 世紀的陶器生產，盧昂
工坊也因此製造了不少中國風的器皿。

盧昂陶器的經典圖樣
象徵豐收的號角：塞滿水果、花與植物的號角
是古老的象徵符號，代表豐收之意，是盧昂陶
器上常見的圖案。

北方製造：荷蘭的馬約里
德夫陶器 Faïence de Delft
16 世紀時義大利的馬約里陶工北上到今天為
比利時領土的安特衛普落腳，陶器工藝就此在
比荷區域生根。工坊如雨後春筍般設立，不到
二十年的時間，就遍佈哈倫、阿姆斯特丹、德
夫等地，其中尤以德夫的工坊最為出名。

德夫陶器本土風格
德夫壁磚 Carreaux de Delft
最早的荷蘭傳統陶藝，早期生產以藍白兩色為
主，後期則開始有其他顏色的加入，然而藍白
壁磚一直到今天都維持著主流的位置。常見的
花樣有水果、花朵、瓶瓶罐罐、帆船等等。

古董類型學

65

鬱金香花器

特殊的多管花盆，是專門為鬱金香所設計的器皿。十七世紀也是荷蘭著名的「鬱金香熱」時期，鬱金香除了成為壁磚的花樣之外，也刺激了多管花盆的產生。隨著中國風的熱潮，荷蘭人甚至也創造了多重塔造型的鬱金香花器。

鬱金香花器

中國風

17 世紀大航海時代，荷蘭的東印度公司遠洋中國，帶回了歐洲人從沒見過的瓷器。與西方美術截然不同的邏輯，時而優雅簡潔、時而細密華麗的中國紋樣讓歐洲人深深著迷。在尚未掌握中國瓷秘密的年代，荷蘭、德國、法國都競相模仿，盡可能製造與其相近的瓷器。瓷的興起使陶開始過氣，此時的陶工為了生存只能選擇兩條主要的道路：致力於發展獨一無二、專屬陶製品才能表現的精緻工藝，或是製作中

國風陶器迎合市場流行。選擇了後者，首先開
始製造「中國風陶器」的便是第一線接觸舶來
品的荷蘭人。德夫陶器的「中國風」製品落在
1618 ～ 1624 年間，模仿明朝青花瓷的藍白陶
器為主，但圖案則維持著歐式風格。

KRAAK 中國特製的出口瓷器

明代萬曆年間開始 (1573 ～)，中國廣東沿海
一帶開始與歐洲人做生意。中國的瓷器生產分
級森嚴，賣給本地民間、送到宮中的器物皆有
不同的樣式和花紋。對於遠渡重洋而來的西方
客戶，中國也特別製作「出口式瓷器」，顏色以
青花瓷的藍白為主，但圖案則是歐洲人物、歐
式紋樣，或是一些受歐洲人喜愛的中國圖案 (仙
人、花、打獵圖等等 ......)。第一批「出口式瓷
器」多為大型圓盤和深碗，圖案繁複並填滿整
個表面。以圓盤為例，最典型的樣式為青花瓷
盤 (藍白色)，邊緣以扇形的圖框「綻放式」地
圍繞，盤心則是一個圓框的畫面，也就是我們
所稱的 Kraak。以 Kraak 為主的瓷器一直持續
到 17 世紀中 (1644)，是最早期中國輸出到歐
洲的瓷器代表。

日本風陶器
德夫金 Delft Doré

1647 年遇到中國鎖國之後，荷蘭轉向與日本進

行貿易。1660 年開始，荷蘭開始向歐洲輸入日本瓷器，同時也開始模仿如伊萬里（Imari）、柿右衛門（Kakiemon）等日本瓷的風格。

德夫金：模仿伊萬里風格的陶器，以紅、藍、金三色為主。其中的金色相當亮眼，因此也常被稱為「德夫金」。

Kakiemon 柿右衛門風格：以橙紅色、淺綠色為特徵。經典的柿右衛門燒以畫面大量的留白以及簡單的水果、枝葉圖案為特色。

平民陶器（Delft Paysan）

莫約在 1725 年開始，德夫陶器也開始做一些裝飾略微粗糙簡單的樣式，如單純的碎花、葉飾等圖案，價格也比較低廉。這樣的「平民陶器」在整個 18 世紀間非常普及，是德夫陶器全盛晚期的代表風格之一。

德夫平民風陶器

古董類型學

「荷蘭瓷」

明明是陶器（Faïence），荷蘭人卻稱他們的東西為「荷蘭瓷」（Porcelaine hollandaise），以表示其與中國瓷器不相上下的優越技術。大航海時代下中西工藝品競爭和交流的興盛在這類的用詞中可見一斑。

德大瓷器的全盛時期一直延續到 18 世紀，在之後便漸漸沒落。這時的歐洲人終於發現了製作中國瓷的秘密，市場便逐漸被法國軟瓷、德國硬瓷等瓷器產品所取代。

古董類型學

69

§

瓷器　Porcelaine

普通的陶土加入高嶺土（kaolin）後就能做成瓷器。今日我們對瓷器的官方定義就在於高嶺土的有無，然而，在歐洲尚未發現高嶺土的年代，仍然有「porcelaine」的存在。沒有高嶺土的瓷器，也就是我們所稱的「軟瓷」（porcelaine tendre），而加有高嶺土的則為「硬瓷」（porcelaine dure），是與中國瓷成分一樣的典型瓷器。以外觀來說，軟瓷與硬瓷以肉眼來看很難分辨兩者，只有經驗豐富的收藏家，能靠著對物品的「手感」成功區分。在鑑定師與藏家圈子裡流傳著一種說法：硬瓷冰冷，軟瓷較有溫度；硬瓷更為晶瑩清透，軟瓷則有牛奶般的潤白感。

軟瓷 Porcelaine tendre

加入高嶺土後的胎土可以承受更高溫的燒製，也給胎土添上了一份清透亮麗的質感，這是陶器所無法達到的效果。在歐洲人尚未參透高嶺土秘密的年代，中國瓷便是這樣橫行歐洲市場，人人爭相蒐集，一些瓷器狂熱的貴族和富商們甚至成立秘密實驗室，試圖找出製作中國瓷的祕方。義大利的銀行世家梅蒂奇家族就是其中一例。16 世紀末，梅蒂奇家族中有一位法蘭索瓦一世，兼有托斯坎公爵與化學家兩個身份的

他用自己的知識和財力在自家建立了「瓷器研
究室」，以土法煉鋼的方式日夜研究製作中國
瓷的方法。1575 年，他意外地在實驗結果中製
造出了歐洲的第一批軟瓷。在陶土中加入了長
石、磷酸鈣、石英粉末等成分，讓燒製完的成
品清透許多，擁有與中國瓷相近的透明質地。
在此後的幾十年間，法蘭索瓦一世持續製造軟
瓷器皿，而到了 17 世紀，鄰近國家也開始製造
愈來愈多的軟瓷。製作軟瓷其實並沒有固定的
材料，各家工廠都有自己的祕方，如英國人在
後來所研發的骨瓷，就是加入動物骨粉的軟瓷
的一種。

Made in France！法國製造
聖克魯 Manufacture de Saint-Cloud
（1666 ～ 1766）

法國最早的軟瓷工坊是一位盧昂工匠波特拉
（Pottera）所建立的。1673 年取得軟瓷專利
後，波特拉來到巴黎西南近郊的聖克魯（Saint-
Cloud），在法國親王的保護和資助下設立了第
一座軟瓷工坊。聖克魯工坊以藍白瓷最為出名，
優雅的象牙白色底是它最有名的標識。淡雅的
藍白瓷回應了歐洲人對中國青花瓷的狂熱，工
坊因此也獲得了極大的成功。

古董類型學

71

聖克魯標識

聖克魯工坊只有短短一百年的歷史，以兩個標識為主：

1. 路易十四時期的太陽標識：表示對太陽王路易十四的崇敬同時，也許更暗示工坊在法國瓷器工藝獨一無二的地位。

2. SCT：為 Saint-Cloud Trou 的縮寫，是 1722 年開始的標識，表示從工匠特魯（Trou）開始接手工坊之後的產品，慣稱為特魯時期（Période Trou）。

Made in France！法國製造
香堤堡工坊 Manufacture de Chantilly
（1726～1870）

在色彩、款式、圖案等方面更加多樣化的香堤工坊比聖克魯成立得晚，卻很快就成為了聖克魯的競爭對手。時間來到 18 世紀，身為法王路易十五首相的孔代親王路易四世（Louis IV Henri de Bourbon-Condé）親自在他的住處香堤堡（Château de Chantilly）設立了瓷器

工坊。香堤堡從 1726 年開始生產軟瓷，本身也
是化學家兼瓷器收藏家的親王邀來了聖克魯工
坊的工匠齊魯（Cirou），為自己的工坊打下基
礎。香堤堡早年的生產以親王自己的喜好為主，
擁有許多日本瓷器收藏的他命令工坊為他製造
許多仿柿右衛門風格的器皿。

日本風時期 （1726 ～ 1751）

模仿日本柿右衛門的風格：畫風簡單，淡雅的
綠色、藍灰色和橘紅色，加上適當的留白。這
個時期的產物多是中小型的物件，體積輕巧，
如菸盒、茶壺、筆筒等。圖案多為日本繪畫上
會出現的物景盆栽、仙人等。

仿柿右衛門杯子專用小冰桶（seau à
verre），18 世紀，東方人物。

古董類型學

仿柿右衛門風格香膏罐（pot à pommade），18世紀，圖案為常見的物景盆栽。

74

1740 年到 1750 年間，孔代親王與第一代工匠
齊魯相繼逝世，香堤堡的瓷器在風格上開始有
了明顯的轉變。前期的工坊為了滿足親王對遠
東瓷器的喜好，生產的大多是日本風格的器皿，
在孔代親王過後，香堤堡的生產逐漸轉變回
歐洲風格。

歐洲風時期（1753 ～ 1775）

器皿上開始出現比較歐式的花紋。動物、昆蟲、
花卉、歐洲人物等圖案為主。這個時期也搭上
了路易十五洛可可風的晚期，花卉和動物都是
這個時候愛用的裝飾圖案。

香堤堡瓷器的標識—號角

古董類型學

打獵是法國王室貴族們最喜歡的休閒之一。孔
代親王也選擇用打獵用號角的符號當作香堤堡
工坊的標識。18 世紀時這些符號都是手繪的，
所以每個物件上的號角長得都不盡相同。器皿
上並不是每次都會標示號角，因此標識並不能

被當作判斷物品真偽的標準。不過若在香堤堡
瓷器上看到號角，根據它的顏色和形式仍有些
線索可以告訴我們物品大概的年代：

第一時期（1726 ～ 1751） 鐵紅色號角
第二時期（1753 ～ 1775）由鐵紅色轉為紅偏橘
的色澤，另外開始有藍色號角出現。藍色號角
通常出現在藍白瓷器皿上。

硬瓷 Porcelaine dure

18 世紀初的德國仍在神聖羅馬帝國的統治下。
在前一個世紀開始遍及歐洲的中國瓷熱潮也同
樣傳入了德國境內，每個人都爭相要研究出中
國瓷器的製造秘密。1709 年，一位因詐騙王
公貴族而逃亡到薩克斯境內的煉金術士波特格
（Böttger）被當時的薩克斯選帝侯，也是日後
的波蘭國王奧古斯特二世（Auguste le Fort，
由於他力氣很大，被人們暱稱為強力王 ）所俘
虜。宣稱能夠提煉出長生不老石的波特格在強
力王的命令下轉而研究中國瓷器的成分。1709
年，歷史文件指出波特格向強力王宣告他發現
了中國瓷器的秘密成分，也就是同樣存在於薩
克斯境內的高嶺土。波特格是在怎麼樣的情況
下發現了高嶺土和瓷器的連結，留下的只有紛
紜的街坊傳說，唯一可以確定的是，強力王在
隔年立即成立了硬瓷工坊，並且成功製作出了

第一批歐洲硬瓷。

德國邁森 Meissen (1710～)

1710 年由奧古斯特二世成立的硬瓷工坊，就是日後鼎鼎大名的邁森瓷器。高嶺土的發現使得薩克斯境內出現了大大小小的瓷器工坊，然而在強力王的資助下，邁森自然而然成為了薩克斯地區最大也最有名的廠牌。

邁森瓷器以其精緻的手繪圖案聞名，清澈透亮的白底配上顏色豐富的細密畫，是它最大的特色。邁森也是少數從 18 世紀一直延續到今天的陶瓷工坊，對於古董收藏家來說，最有價值的物件就是工坊最早期的作品，也就是 18 世紀的物件。

邁森初期的知名工匠

18 世紀的上半期間，邁森聚集了相當多的專業人才，如瓷板畫家、雕塑師（模型師）等。幾位特別有名的工匠也成為了不同風格時期的代名詞。

歐羅特 Horöldt

波特格於 1720 年逝世後，接手他成為工坊領導的人是知名的瓷板畫家 Johann Gregor Horöldt。時逢當時的中國風熱潮，此時期的邁森瓷器多以中國人物為主題樣式。Horöldt 細

古董類別導學

77

密精巧的手繪技藝受到大家的喜愛，中國人的
生活風景如下棋、遊船、品茶等，透過他的筆
觸增添了一份歐洲的味道。Horöldt 於 1755 年
逝世，在他擔任工坊領導的期間所出產的物件
是邁森瓷器中現今價值最高、最為人所尋求的。

古董類型學

Horöldt 中國風手繪代表：菸盒 Tabatière
(1720 ～ 1731)

78

精緻小巧的菸盒，長寬不到 10 公分，體積
相當輕巧。此類的迷你菸盒是給人放在口袋
隨身攜帶用的，不會有放在桌上摩擦受損的
問題，因此連底部都有金邊裝飾的繪畫。開
口接合處的鍍金銅邊則是 19 世紀的加工。

Käendler：於 1730 年加入協助 Horöldt 營運工坊的 Käendler 是邁森知名的模型家，擅長製作餐桌裝飾用的小型雕像。小雕像系列是邁森瓷器的一大特色，常見的有小人物像、動物群像等等。

Kirchner：早期邁森大型動物像的作者，多使用白瓷。白瓷所做的塑像令人聯想到大理石雕像，受到許多藏家的喜愛。

邁森標識：國王專用 AR 縮寫、雙劍交叉

邁森的標識有著清楚明瞭的演變歷史，照著標識的圖樣，便可以判斷出物品的年代，前提是物件本身是邁森的真品。另外就像前面章節所提到的，歐洲的陶瓷工坊並不會為每個物件加上標識，邁森瓷器也是如此，因此標識有無也不是判斷真偽的唯一標準。由於邁森在市場上一直都很受歡迎，歐洲各地也有許多地方會仿造邁森的風格以及標識。仿品永遠都會加上標識，真品則不盡然。

79

邁森歷年標識

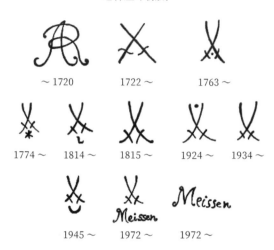

~ 1720   1722 ~   1763 ~

1774 ~   1814 ~   1815 ~   1924 ~   1934 ~

1945 ~   1972 ~   1972 ~

古董類型學

80

＊ＡＲ：邁森最一開始的 AR 標識，是奧古斯特專用的縮寫標（Auguste Reix，拉丁文「奧古斯特王」之意），凡有標上這個縮寫的物件，代表物件是工坊成立初期，專為國王所特製的王宮收藏品，是上等中的上等。現今已知帶有這個縮寫的真品只有 13 件，在市場上是幾乎不可能出現的。若有看到帶 AR 縮寫的瓷器物件，幾乎都是其他地區出產的仿造品。

81

＊仿ＡＲ：德勒斯登產品。此圖原為德勒斯登
出產的湯碗，在湯碗底寫有 AR 的假標。這個
湯碗在後來被改成墨水台使用。為物品加工、
上金邊或銅邊並改變物品的使用方法是 19 世
紀相當常見的做法。

仿邁森？

許多地區都會仿製邁森風格的瓷器，如柏林、德勒斯登或最有名的山寨牌三松（Samson）。想要辨別真假邁森，除了研究標識的寫法之外，靠的就是對「美感」的經驗判斷。就如雙胞胎長得像，但不會真的長得一樣，邁森的真品看多了，自然就能看出與仿品之間的差距。

仿品的價值

也許大家會以為山寨品就沒有價值了，其實不然。事實上在市場裡，很多店家都「明目張膽」地放著這些仿品，價錢甚至也不低。以出產許多仿邁森瓷器的德勒斯登來說，價錢也會有個200～400歐，而模仿各家大廠到爐火純青的地步的山寨大牌三松，有些物件的價格甚至與邁森、賽夫等瓷器大廠旗鼓相當。在仿造的途中漸漸地發展出了自己的特色、品質也在精進仿造的過程中提升至相當精美的程度，過去的山寨牌也變成了頗具價值的古董收藏。

邁森經典歐式花樣

邁森瓷器有許多經典的圖案款，如藍色洋蔥、花飾、昆蟲飾等。圖為配有人物細密畫、花飾、昆蟲飾等經典圖案的小菸盒。

邁森經典歐式花樣杯盤

古董鑑別學

83

古董類型學

邁森中國風小人像

法國陶瓷大廠—賽夫瓷器 Sèvres

如果德國瓷器的國家代表是邁森，那麼法國瓷器的代表就非賽夫莫屬了。不同於邁森只生產硬瓷，賽夫軟瓷和硬瓷都有生產。同樣是從 18 世紀開始一直持續到今日的陶瓷工坊，賽夫瓷器其實最開始的據點是位於巴黎東南邊的凡仙森林（Bois de Vincennes），1756 年才正式搬到賽夫。

凡仙工坊時期 (1741～1756)：軟瓷生產

1741 年，來自香提堡的工匠格拉萬（Gravant）在凡仙森林裡成立了小小的陶瓷工坊。成功製作出「薩克斯瓷器」的他在 1745 年得到了王室專利，專為王室製作瓷器皿。熟練技術的法國工匠們很快地使凡仙工坊壯大，並發展出鮮明的特色風格。

獨家專利—陶瓷花

莫約在 1746 年開始，凡仙工坊就創造了全新的陶瓷藝術品：陶瓷花。每一片葉子到每一片花瓣都是由一塊塊燒製精確、毫無瑕疵的瓷片所組成。直挺而細長的根莖、花朵自然而然翹起垂落，其中細微幅度以及顏色的漸層都完美地複製出來。這項技術在 1749 年取得了皇家專利，成為凡仙工坊，也就是賽夫瓷器早期最具代表性的藝術品。

85

古董類型學

陶瓷花的生產由女性工匠負責，在她們專屬的工作室裡，將各種花瓣的樣式製成模型，以便做多量的生產。

陶瓷花

王室贊助～賽夫工坊正式誕生

1753 年，熱愛藝術的國民情婦龐巴度夫人＊（Madame de Pompadour）主動贊助凡仙工坊，使凡仙瞬間升格為皇家級的陶瓷工坊（Manufacutre royale）。從隔年 1754 年開始，凡仙出產的瓷器皆會標上「字母年」（Lettre-date），以註明物件的生產年份（A=1754, B=1755, C=1756... 以此類推）。也是在同一時間，凡仙森林再也容納不下日漸擴大的工坊，於是整個生產開始移到巴黎西南近郊的賽夫，直到 1756 年完全搬家完畢。

硬瓷生產

1770 年，也就是德國發現高嶺土將近六十年後，法國才挖掘到自家的高嶺土，開始硬瓷的生產。先前已經持續製作軟瓷的賽夫，開始加入了硬瓷的生產，並在國王的規定下將兩個生產做了以下的區分：

古董類型學

硬瓷

又稱為皇家瓷（porcelaine royale），在標識（內交叉雙 L）上會加上皇冠的圖案。

軟瓷

又稱為法國瓷（porcelaine de France），僅有雙 L 標識。雙 L 中間的 A 為字母年 1753。

87

賽夫標識

賽夫瓷器的經典雙 L 交叉標是大革命前的主要圖騰，然而這並不是賽夫唯一的標識。根據雕像、杯盤、裝飾品等不同類別的瓷器，賽夫都會有不同的圖案標，18 世紀時甚至有許多會有畫工的簽名。到了大革命之後，賽夫的標識也隨著政權的改變而有不同的圖案，從手繪標識到印刷標識，可說是千變萬化。以下只列出幾個例子供大家參考。

1753 年前：凡仙工坊時期

1793 ～ 1804 年：大革命後期

巴黎古董
初階購物手札

純白雕像 （Biscuits）

Biscuit 一詞的意思是只經過一次燒窯的素胚
（本色瓷器）。

為了與邁森競爭瓷雕市場，賽夫莫約在 1751-
52 年開始製作素色雕像。白色的胎土經過上釉
後有了圓潤的光澤，對於訂製不起大理石雕像
的人來說，白瓷雕像是理想的替代性收藏品。
18 世紀時賽夫所做的小雕像都是沒有加上標識
的，但有可能會有畫家的簽名。若在小雕像上
面看到賽夫的標識，代表他是 19 世紀的作品。
18 世紀的純白瓷雕雖然不會有工坊的標誌，但
可能會有設計家的簽名字母（通常為當代有名的
畫家、雕刻家）。

大師作品

18 ～ 19 世紀是法國藝術家們非常活躍的年代。
賽夫時常會將一些名畫家的作品重現在器皿上，
有些藝術家甚至是在賽夫的工坊開始他的職業
生涯，如 19 世紀的雕塑家羅丹 （Rodin） 就是
在賽夫工坊開始他的創作。早期在賽夫擔任瓷
畫家的他，創造了許多風格古典的作品。

古董類型學

89

顏色經典—賽夫藍 Bleu de Sèvres

賽夫藍又稱為天青藍（Bleu Lapis）或美麗藍
（Beau Bleu），為賽夫瓷器的代表顏色之一。
以鈷藍為底的顏料，經過高溫燒製後會得到的
深沈的靛藍色，加上釉料使表面有了寶石般的
光澤。純底色（黃、綠、粉紅等）搭配上金邊、
細密風景畫、人物畫等等，是賽夫最常見的款
式。

上 / 賽夫小湯碗（soupière）和底盤，一人份餐具
下 / 賽夫利口酒冰桶（seau à liqueur），18 世紀

純底色搭配金邊畫飾，再配上人物畫、風景畫、花紋植
物等圖案是賽夫常見的款式。

古董類型學

90

「正牌山寨」 三松 Samson

19 世紀中晚期，一位在巴黎的陶瓷裝飾畫家艾米爾三松（Emile Samson）開始了「仿古」的陶瓷創作，不僅重現 17 ～ 18 世紀時非常流行的中國風、日本風器皿，也開始模仿賽夫、邁森等大廠牌的作品。三松在 1867 年的世界博覽會上以他的仿製品獲得了極大的成功，緊接著便成立了他的同名工坊 Samson & Cie.，並再度參加了 1889 年的世界博覽會，知名度更加擴大。雖然都是仿製其他工坊的作品風格，由於三松的仿製技術相當優良，在當代就受到大家的喜愛。

三松標誌 S

最常模仿賽夫、邁森風格的三松也有自己的標誌，最常見的為雙 S 交叉，與賽夫的雙 L 相近，在某種程度上，似乎帶有想要混淆視聽的意思。三松的 S 標識沒有固定的樣式，會隨著模仿的品牌而改變。在一些模仿邁森的瓷器上也會出現三松的「仿邁森標」。

與邁森相近的
雙線交叉標識

古董類型學

91

古董類型學

三松香花爐（Pot-pourri）

用來放置乾燥花的器具，香氣會透過中
心鏤空的銅邊散發出來，是 18 世紀以來
常見的用品，形式多樣。

＊不受法國青睞的英國瓷器
Wedgwood：1759 年成立的英國
瓷器大廠 Wedgwood 在全世界享
有盛名，然而對於法國的瓷器古董
商和收藏家來說並不是特別受歡
迎，市場能見度不比賽夫、邁森甚
至其他地區的陶瓷來得高。其實不
只是瓷器，英國的古董不論是傢
俱、畫作、銀器等等在法國都非常
少見。也許是地域上的區隔，又或
是幾百年間兩國人累積的愛恨情仇
糾葛，法國人似乎永遠對英國的藝
術品興趣缺缺。

古董類型學

巴黎古董
初階購物手札

＊國民情婦龐巴度夫人
Madame de Pompadour

在法王路易十五眾多的情婦中，龐巴度夫人是最有名也最受法國人所憧憬的。出生於貴族世家，龐巴度夫人博學多聞、熱愛藝術且相當善於社會交際，對資助藝術不遺餘力，同時對服裝打扮也相當有想法，引領了一代巴黎女人的時尚風潮。集美貌與智慧於一身，對於情人好色花心的個性也相當寬容，在自己年老色衰之後，還大方幫國王開了一個後宮花園，親自為國王挑選年輕貌美的女伴。這種寬容表現背後的目的雖然是要監控這些小宮女以防有人受專寵上位，但是懂得在人前表現得可親大方，加上品位方面也相當出眾，龐巴度夫人一直有「法國男人都夢想擁有的完美情婦」的稱號。贊助賽夫工坊成立的龐巴度夫人對繪畫、傢俱工藝也有相當多的影響，許多 18 世紀的經典傢俱也都是為她而做，畫作中也能常常見到她優雅美麗的身影。

玻璃&水晶
Verrerie et Cristallerie

18 世紀的玻璃和水晶工藝最常用於水杯、酒杯等容器的製作，常與金銀器皿相伴，是餐桌上不可或缺的物件。到了 19 世紀，在新藝術和裝置藝術前後兩個流派的發展下，玻璃和水晶也被用來創作純藝術的作品。許多當時發展起來的工坊也一直持續運行，成為高檔的奢侈品牌。

§
玻璃 Verrerie

由二氧化矽（silice，矽沙）為主的成分放入高溫的燒窯後融成液體狀態，透過模具、吹管等做出不一樣的容器形狀，冷卻後形成固態玻璃。在世界最早的文明裡都能發現玻璃物件和製作玻璃的工具。歐洲的玻璃工藝來自於地中海地區，也就是古羅馬文明。由於土壤裡有不同的金屬雜質，一開始的玻璃器皿都是有顏色且不透光的。直到公元 1 世紀左右，古羅馬人製造出了透明的玻璃，這項工藝有了大幅度的躍進。古羅馬人的玻璃技術隨著時間漸漸傳播至北方，到了中世紀期間，西歐普遍各地都有製造玻璃的工坊。

中世紀的玻璃製品

中世紀是西歐天主教廣泛傳播的時代，玻璃透光的特質受到追求天光的天主教堂所喜愛，被

古董類型學

95

大量用來製作花窗（vitrail）、聖餐杯（calice）、燈罩等教堂需要的器皿。宗教用途以外，日常生活上也開始出現玻璃容器，如水杯、水瓶、藥罐等等，此時的玻璃屬於珍貴的物品，只有修道院的修士、封地的貴族領主可以使用。

受伊斯蘭教熏陶的近東地區在 10～12 世紀期間則製作許多加上畫琺瑯的玻璃器皿，在玻璃表層畫上色彩亮麗的琺瑯，以金粉加上裝飾，外觀華麗，並有許多大型的物件。近東玻璃製品在之後陸續被馬可波羅等西方旅人帶回歐洲。

13 世紀～穆拉諾玻璃島起源 Murano

至今仍活躍於玻璃製作的義大利小島穆拉諾，1250 年左右就開始在島上生產玻璃。由於當時的威尼斯以木造建築為主，共和國擔心玻璃廠的爐火會引起火災，便下令所有的玻璃工坊遷移至臨近的穆拉諾島。13 世紀中後期，近東的玻璃製件被馬可波羅帶入威尼斯，威尼斯也開始製作模仿近東的物件。直到 15 世紀，穆拉諾島的玻璃樣式愈來愈多樣，並開始外銷到歐洲各地，受到廣大的歡迎。玻璃出口使威尼斯獲得巨大的利潤，從此以後，穆拉諾島就像取得了玻璃製造的專利一般，將技術祕方和新的研發都鎖在島內，工坊以家族事業的形式代代相傳，資訊絕不外流，使大家對穆拉諾島的玻璃更是趨之若鶩。

巴羅菲耶家族 Famille Barovier ～
15 世紀的重要創新

1450 年，島上最大的工匠家族巴羅菲耶（Barovier）開發了一系列不同花飾的玻璃製品，成為往後幾個世紀穆拉諾玻璃標誌性的造型風格：

Cristallo：像水晶一般的無色透明玻璃。

Filigranne：花絲鑲嵌。在透明胎體內嵌上乳白色的細紋條飾，又分為純線式（a filo）、交叉雙線式（a reticello）、螺旋式（a retorti）等三種主要形態。

Lattimo：擁有半透明的乳白色澤，像牛奶一樣的「牛奶玻璃」。

Millefiori：「千花」齊放式。現代製品中也相當常見的七彩玻璃，在藍、紅、黃等不同的底色上綻放出一朵朵圓圓的小花。穆拉諾島主要使用吹玻璃的技法，這個技法使得花朵大小、輪廓都不規則，大大小小簇擁在一起，外觀絢目華麗。

Murrhin：源自拉丁語 murrhinus 一詞，原本指的是古羅馬時期一種用來做成花瓶的，有點透明又時常泛著虹彩的螢石。穆拉諾玻璃中的 Murrhin 就是外觀與 murrhinus 相近，擁

古董類型學

97

有多層不規則色塊，時而像是大理石表面的紋路，時而是單純的色彩拼貼的彩色玻璃。上述的 Millefiori 也是 Murrhin 的一種類型。

Ghiaccio：冰紋式。透明的玻璃器皿上佈滿水波樣的紋路，看起來就像水波結冰後的表面。

在 15～18 世紀之間，歐洲大部分的玻璃製件都來自穆拉諾，從杯具到鏡子的製作，都被這個玻璃島所壟斷。1500 年之後，穆拉諾玻璃的價值愈來愈高，無法得到島上技術的外地人也開始模仿這座玻璃島的產品風格。

蛇形腳玻璃杯

杯腳上纏繞著兩條做工華麗的
蛇，是 16 世紀期間被外國仿製
最多的穆拉諾玻璃樣式。

裝飾用玻璃酒杯，19 世紀穆拉諾島著名的工匠 Antonio Salviati 的作品。藉由吹玻璃的技法，穆拉諾島的玻璃擁有多樣的色彩堆疊、盎意變幻的多樣形態。圖為在蛇形腳的傳統樣式上做出變化的近代作品。

古董淘寶世界

99

19 / 20 世紀～法國玻璃工藝的巔峰期

到 18 世紀中期為止，玻璃多用於製作餐杯和食器，形式上並沒有太大的變化。到了新藝術、裝置藝術兩個時期，法國的玻璃工藝才算有了革新的發展。

量產專用～蝕刻玻璃

新藝術時期南西流派的裝飾藝術家加雷將酸蝕刻法應用在玻璃器皿的製作上。將圖樣用瀝青顏料印在玻璃上，浸入氫氟酸液體裡，酸會侵蝕瀝青顏料以外的部分，取出後圖案就像浮雕般留在玻璃表面。根據浸泡在酸液的時間長短，可以創造出不同的深淺漸層。比起手工雕刻時常會在邊角上留下瑕疵，蝕刻技法能夠完美乾淨地留下浮雕圖樣，並有利於生產多件同樣的作品。加雷相當善用這種技法，在他工廠裡進行玻璃器皿的大量生產，蝕刻玻璃也成為了他的代表性標誌。

常見的加雷玻璃有各種大小的花瓶、燈具，配上單色的植物圖樣，以蝕刻技巧製作出深淺色澤的差異。優雅細長、身軀婉轉的植物花朵配上濃淡不一的色澤，曾經特別受到日本藏家的喜愛。

加雷玻璃的落款樣式

以機器大量生產玻璃物件的加雷，在機器製件上會留下凸起的簽名。早期手工設計的單件作品則會以雕刻的方式留下簽名，因此落款是凹下去的。加雷死後，他的工坊仍持續運轉，從他過世之後所出產的物件上，落款會加上一個星星。

多姆兄弟的手工製件 Daum Frères

與加雷同一時期的多姆兄弟是南西流派另一個重點製造商。與加雷不同的是，多姆兄弟的玻璃都是手工繪製，一個樣式只會有一個物件，每件作品都是獨一無二。當時的多姆兄弟並不比加雷受歡迎，且因為多姆堅持手工製作，產量也比不上使用機械量產的加雷。直到近年，多姆兄弟的作品價格漸漸攀升，手工製件的價值重新被市場所重視。視覺方面，多姆

古董類型學

兄弟的圖樣比加雷的物件更加細膩，色彩濃淡
相間、細微漸層的表現也比加雷高出許多。

裝置藝術時期代表～
拉利克玻璃 Lalique

與傢俱的風格相同，裝置藝術時期的玻璃物
件也趨向素雅、幾何圖形的樣式，並且偏好
透明無色的玻璃，與前期（新藝術）主流的彩
色玻璃有很大的差別。拉利克玻璃的始祖荷內
（René Lalique）生長在新藝術流派的全盛時
期，是 19 世紀末幾位首先開始發展裝置藝術風
格的先鋒藝術家。荷內原先是珠寶設計師，在
1900 年前後開始進行玻璃的創作，將小片的玻
璃加入珠寶的設計。1920 ～ 30 年間，荷內逐
漸轉往玻璃工藝，很快地在該領域嶄露頭角，
發展成俱有相當規模的家族企業，最後變成今
日名氣響亮的奢侈品牌。

乳光玻璃 Verre opalescent ～
拉利克玻璃的經典作品

乳光玻璃是一種不完全透明的玻璃，像包覆了
一團霧般，晶瑩卻不剔透，比起透明玻璃清澈
冷冽的調性，乳光玻璃則給人柔和溫暖的感覺。
乳光玻璃是荷內作品的代表，在他活躍的期間
製作出許多經典的乳光玻璃，多以動物為模型。
拉利克以製作壓膜玻璃為主，將液體狀的玻璃

倒入模具裡壓制而成。不同於多姆兄弟玻璃上
色彩豐富、圖樣細密的刻畫裝飾，拉利克玻璃
只以模具型塑出圖樣，凸顯乳光玻璃本身霧透
霧透的柔滑質感。

René Lalique 經典作品：
小鳥乳光玻璃

René Lalique 經典作品：
蘇珊 Suzanne 乳光玻璃

古董類別博物學

103

§

水晶 Cristallerie

17 世紀的英國人發明了水晶玻璃（cristal），在這之前，歐洲大陸的玻璃以兩種類型為主：

1. 鈉玻璃：遍佈於南法、西班牙、近東地區。矽土中加入碳酸鈉，可以做出有色或無色的透明玻璃，是最常見的玻璃種類。

2. 鉀鈣玻璃：使用森林中的木頭、植物燒完的灰燼來做玻璃，多在森林豐富的北邊地區（德國、東歐一帶）。森林的灰燼帶有許多金屬雜質，用其製造出的玻璃通常是綠色的。

1670 年，英國人 Ravenscroft 發現加入鉛後，玻璃的質量更加清澈明亮，重量也比一般的玻璃品紮實，因此有了水晶玻璃的誕生。

鉛水晶

鉛是使玻璃透明的重要金屬，也是使玻璃成為水晶玻璃的關鍵成分。水晶玻璃與玻璃的差別就在於鉛的成分比例。在最普遍的定義裡，水晶＝ 76% 矽砂 +24% 鉛。更進一步細分，鉛成分高於 24% 的稱為全鉛水晶，低於 24% 的則稱為鉛水晶。每個國家對水晶玻璃的成分比例又有各自的標準，以歐洲共同體（EEC）的標

準來看，鉛含量高於 30% 的稱為高鉛水晶，介於 30% ～ 24% 的為鉛水晶。鉛水晶可以說是鉛玻璃的同義詞，但在普遍的情況下，比較常用的名稱為鉛水晶。

水晶＆玻璃的分別

水晶比玻璃厚重、硬度較高、折射光率也較玻璃好；質地方面也比玻璃純淨，不會有波紋、小氣泡等常在玻璃上見到的瑕疵。以常見的酒杯來看，水晶杯的杯角和接頭處較玻璃杯厚實。

法國製造：
1. 聖路易水晶 Saint Louis

1995 年歸入愛馬仕（Hermès）旗下的高訂玻璃水晶廠牌聖路易，起源於 16 世紀末建立的玻璃工坊。聖路易在 1829 年正式成立公司，與法

國另一大水晶品牌巴卡拉（Baccarat）同時期
出現在市場上。整個 19 世紀間，聖路易與巴卡
拉水晶在歐洲受到上流社會極大的歡迎，取代
前兩個世紀英國水晶獨霸市場的情勢。聖路易
以其細膩的玻璃切工、金粉繪飾和亮麗純淨的
顏色酒杯聞名，也吸引許多仿冒者製作山寨品。

2. 巴卡拉 Baccarat

二手巴卡拉水晶杯，
在市集上常大量販售。

1764 年，法國東邊的巴卡拉小鎮建立了一座玻
璃製造廠，到了 1816 年被一位工業家所收購，
並以其發源地正式命名為「巴卡拉」，開始水

晶的生產。從此開始，巴卡拉成為有錢人家專
用的水晶品牌，直到今日巴黎總統的御用宴席
也都是使用巴卡拉的器皿。巴卡拉的水晶鉛含
量高達 32%，在透光率、純淨度上都無可比擬。
裝置藝術時期間，巴卡拉也推出許多造型用具
和純觀賞型的藝術品。

巴卡拉 Diva 花瓶 （Vase Diva）
史上第一個平放花瓶

古董類型學

107

巴卡拉鸚鵡
大部份的水晶製造廠都會製作裝飾配
件，巴卡拉的經典代表有鸚鵡、大象。

版畫 Estampe

同時兼有「藝術品」和「複製品」的兩種身份，版畫在古董界的價值界定是相當曖昧的。版畫的價錢不比畫家原創的油畫、素描來的高，但在市集卻比前面兩者都還要常見，這點會在後續油畫、素描的章節做更多的說明。與雕塑一樣，版畫存在複製件數的問題。以法國海關對於藝術品的定義來說，版畫通常以前 30 張為「真藝術品」，在那之後則被算為「複製品」。海關所下的定義主要是針對進出口藝術品的徵稅，而實際在市場上，「真藝術品」和「複製品」的界限相對模糊，並且會因為版畫家的身價、創作背景和形態等有不一樣的評斷標準。由於版畫本身是一種複製的技術，在市場上的價格仍是相對低廉的。不論在市集或是拍賣場，普通等級的版畫大概在 20～50 歐之間就可以入手，而在之後根據各種標準，價值會有提高的狀況。

一般版畫價值判定基準

版畫製作年代

畫家親製版畫／另外由版畫師做模板

版畫師本身知名度

版數 (état)：印刷版數通常會以 1/4、2/4 的寫法呈現，分母代表總印刷版數。

常見版畫技術

木板直刻（Gravure sur bois）：最早的版畫技術，在中世紀時期大量使用在印製聖經、聖人故事的圖像，在文藝復興時期也相當常見。技巧高超的版畫家可以把木板直刻做得像銅板直刻的線條一樣細密。

銅板直刻（Gravure au burin）：用雕刻刀在銅板上刻出線條後，上墨印製的簡單技法。

銅板酸蝕刻（Eau-forte）：在銅板上塗上一層蠟，以針一般細的尖頭雕刻筆在蠟上作畫。比起直刻技法需要相當的力氣在金屬板上刻出深淺、粗細的漸層，柔軟的蠟層使得作畫相對輕鬆許多，在細節做工上能夠更自由。作畫完畢後將銅板浸入酸液裡，酸會腐蝕沒有被蠟包覆的部分，取出後去掉蠟，就得到了已經讓酸液「雕刻」好的模板。根據浸泡在酸液裡的時間和次數，雕刻筆所畫出的線條會愈加深濃，蠟層也會漸漸地被侵蝕。因此愈是後面的版數，畫面會愈加黑暗。

石板（Lithographie）：利用油水不相容的特性，藉由石板印製出與原畫一模一樣的版畫，是 19 世紀非常流行的印刷技巧，許多畫家如羅

109

特列克（Toulouse-Lautrec）、德嘉（Degas）都曾頻繁使用這個技巧來進行創作。石印版畫可以完美複製原紙張畫的筆觸、顏色，因此若不仔細近看，有時候會將石印版畫誤以為是手繪素描。

常見版畫類型

今天市集上最常見到的古典版畫以植物、動物、星座、地圖等圖鑑類型為大宗，另外在舊書市集上，也常見到 18 世紀的民生版畫，描繪教堂禮拜、花園遊戲、王宮宴會等時代風景豐富的版畫。版畫時常出現在古書商的攤位，跟舊書、畫報等紙張類的印刷品一起販賣。

右圖 / 18 世紀的透視景版畫 Vue d'optique

版畫除了複製名家畫作、製作印書圖錄之外，也能作為日常百姓的娛樂。圖為 18 世紀時相當流行的一種法國人稱為「透視景」（vue d'optique）的鏡像版畫。透過一種特殊的鏡像儀器 zograscope，平面版畫便有了3D 的立體感。透視景版畫多描繪平民的日常生活，如教堂禮拜、花園嬉戲等景象。簡易的銅版版畫以兩道工法為主：第一層為黑色的輪廓構圖，第二層為手繪上色或蓋印上色。蓋印上色的部分時常會因為角度落差而有顏色超出輪廓線的小瑕疵，這樣的人為差錯卻也為舊版畫添了一份趣味。

古董類型學

110

巴黎古董
初階購物手札

§
版畫小字典

* Trait carré：圖像的「方線」，也就是作為圖像外框的方形截止線。無論是正方形或長方形的構圖，其外框都統一稱為方線。

* Lettre / Légende：載明版畫的作者和主題的文字，位於版畫的正下方。傳統的格式為原創畫家名（左）、題名（中）、刻工（右）。

* Cuvette：將紙放在母版上做壓印時所形成的淺淺的溝。舊時的收藏家在裱框時會習慣把這條溝藏起來。紙張上凹溝的存在說明了該版畫是經過人為壓印所做成的。

透視景版畫所用的儀器 Zograscope
將版畫放在地上，透過圓形鏡面的反射便能看到立體的圖像。

素描與紙張畫
Dessin et oeuvres sur papier

法文裡的每個詞彙都含有多種意思，根據使用的領域不同，又會有更多不在官方字典裡出現，然而被視為專業領域用字的詞彙。

例如 dessin 這個詞，中文直譯為「素描」之意，然而在法文字典裡，dessin 其實包含了所有使用非油畫顏料的畫作，如鉛筆、蠟筆、水彩、水粉......等等，並且通常是在紙張上做成的畫作。這樣的分類是藝術商圈子的普遍認知，在拍賣會上尤其可見。凡不是以畫布為底的油畫畫作，幾乎都會被歸到 dessin 的類別。因此一些對於非典型的素描，如作工細膩的大幅水彩畫、並沒有要拿來當做草稿用途，本身就是一個完成品的水粉畫作（gouache）等等，若是以紙張為材料，我們都歸類為 dessin，但有時也會更精確地稱他們為 oeuvres sur papier（紙張畫）。

在大部份的時候，dessin 還是維持著「素描」的原意，表示是作為草稿（étude préparatoire）的用途、為了準備完整的畫作而隨手做的練習。此類的草稿 dessin 以石墨

（crayon, 鉛筆）、赤鐵礦（sanguine, 紅粉筆）、墨水（encre）、水彩（aquarelle）等原料來作畫最為常見。

市集常見紙張畫類型

一般古董市集上最常見紙張畫類型以風景畫為主，除了在一些高等藝廊級的商人攤位能夠找到 18 世紀以前的作品，市集上所販賣的大多都是 19 世紀以後的畫家的作品。

古素描 Dessin ancien
(13 ～ 19 世紀中)

市場上會出現的古素描以 16 ～ 18 世紀的作品最為普遍，13 ～ 15 世紀的作品較少出現，但也沒有到非常稀少，是不時會在拍賣會上出現的拍品。素描通常不會帶有畫家的簽名，時代愈早愈是如此，因為對當時大部份的畫家來說，素描只是自己用來準備畫作的草稿或是用於技巧的練習，並不是要拿給觀眾欣賞的成品。就像所有的古董物件一樣，每個時代和每個地區的畫家都會有習慣的畫風以及慣用的技巧，即使是一張無名素描，都能大致從素描的風格來判定，另外也可以藉著紙張上的浮水印（filigrane）來知道作畫的地區和年代。屬害一點的鑑定專家在沒有浮水印的情況下，能夠從紙張上橫線的間距（trame）來判斷。

浮水印

紙張除了提供畫家素描，也用來製作書籍。18 世紀以前的浮水印通常為簡易的線條圖案，有水果、動物、星型、菱形等，模樣天真可愛。愈往後期，浮水印的樣式愈多樣，18 世紀以後也開始有字紋的浮水印出現。（左至右：普羅旺斯 1440 年產、羅馬 1575 年產、日內瓦 1601 年產紙的浮水印圖案）

* 反樣 Contre-épreuve
使用油性的紅粉筆做完畫之後，將一張浸濕的紙鋪在上面，浸濕的紙吸附油脂，就能得到與原圖一模一樣，只是方向相反的反面圖。這種技巧在過去經常被畫家們使用。反樣連原圖細膩的筆觸都能完整複製，因此時常讓人難以區分兩者，然而兩者的價值差距甚大。既沒有原畫的手繪價值，又無法真正算是版畫的一種，反樣對收藏家來說，並不算是一件特別有收藏價值的東西。

古董類型學

115

近代素描 Dessin moderne
(19 世紀中～）

古素描和近代素描的界限也沒有一個明確的時間點，以 19 世紀中的印象派畫家們為大致上的分水嶺，而印象派畫家本身則在兩個範疇之間搖擺，有時被擺到古典大師的類別，有時是被歸類到近代素描。站在藝術史的角度上，印象派的出現首次突破了古典繪畫的公式（清晰的線條、逼真的光影、計算好的構圖……），而在之後的各種流派（如畢卡索代表的野獸派、新藝術時期的象徵派）也不斷地掀起各式各樣的繪畫革命。將近代素描從印象派時期開始算起，仍是目前普遍比較常見的做法。近代素描在市集的能見度比古素描高出許多，古素描比較常出現在拍賣會或是專門的高級藝廊。

油畫
Peinture à l'huile

與素描在市場上的情況相似，18 世紀以前的古畫多出現在拍賣場和藝廊裡，在市集上最常見的則是 19 世紀以後的繪畫。油畫在 19 世紀以後的主題以風景畫、抽象畫等為主，也是現代收藏家較會收購的主題。宗教、歷史主題的畫作在近幾十年來漸漸在市場上式微，也許與現代人對宗教的依附度降低，對歷史的連結感也不比上一世代的人來得強有關係。不需要相關歷史知識就能欣賞的風景畫和抽象畫，對於現代人是相對好入手的選擇。即便縱觀整個市場的趨勢是如此，若針對於專業畫廊和拍賣場的情況來說，18 世紀以前的古畫仍然相當豐富，無論是宗教還是其他的主題，都炙手可熱。

Peinture

Peinture 在市場上的意思通常指的就是油畫，然而廣義上來說，這個詞包含了全部類型的畫作，也有油漆、顏料的意思。油畫這個詞的法文名其實是 peinture à l'huile，而若指明是在畫布上所做的油畫，則會說 huile sur toile。無論是在畫廊、拍賣場或是市集，油畫（peinture）和素描（dessin）常常會一起出

古董類型導

117

現，因此在這些場合說到 peinture 就會直接聯想到油畫。

Tableau(x)

Tableau 指的是在獨立載體（如木板、畫布、裱框後）上的畫作，如果是畫在牆上的作品就不能稱為 tableau。Tableau 長期被作為 peinture 的代換詞，因此在市場上若說到 tableau，通常指的還是油畫，所以即便是裱框後的一件素描，通常還是會被稱為 dessin，不會用 tableau 指稱。Tableau 是單數的畫作的意思，字尾加上 x 就是複數。法文中大部份的詞彙的複數跟英文一樣是加上 s，但偶爾會有像 tableau 一類的詞，複數是加上 x。

畫框 Cadre

畫框也會影響畫作本身的價值。以一幅 17 世紀的畫作來說，如果它的框是畫作完成後就裱上的，那麼這個原始畫框也會使得畫作本身的價值提高，因為這代表在漫長的時間裡這幅畫難得地保存良好，連畫框都沒有遭到拆卸、更換。此外，17 世紀的畫框就像傢俱和裝飾藝品一樣，通常是手刻、貼金的精細工藝品，本身也是一件古董。

即便是 19～20 世紀的近代畫作，若畫框是原始畫框，也會特別當作重點說明。在拍賣目錄或是畫的說明小卡上時常會看到 cadre ancien（老畫框）或 cadre d'origine（原始畫框）就是這個原因。

與畫作同時誕生的畫框、同年代的畫框、18 世紀以前的古董畫框，都會增加畫作整體的價值。

古董類型學

119

珠寶首飾
Joaillerie & Bijouterie

鑑賞珠寶除了檢視石頭的質量之外，作為載體的金屬也是重點之一。高級古董珠寶如戒指的戒台、項鍊的鏈條等等通常是採用純金和純銀的材質，這時候就必須檢視金屬的控制章。石頭、金屬的品質都確認過了之後便是觀察做工的精細度，比如戒台與石頭之間的接合、用來固定石頭的外框的裝飾工藝等等。普通等級的首飾也會使用銅、錫等金屬來做載體，價格也就比較低。無論是在拍賣會或跳蚤市場上，珠寶永遠是最受歡迎的類別。首飾類型的物品不像畫作、素描、傢俱等古董需要相當的藝術史知識才能理解欣賞，只需要專注於其純粹的視覺美感，入門門檻對一般大眾來說簡單許多。由於寶石本身是不會貶值的東西，即便在二手市場上反覆被拍賣，依然能賣得好價格。許多珠寶商會在拍賣場競拍做工並不是頂級但石頭價值高的珠寶，回家後自行拆解，取出寶石後單獨再將寶石出售。

寶石鑑定 Gemmologie
寶石的分級以石頭的顏色、淨度、切工、重量來分類，是全世界通用的基準。上面說到珠寶的欣賞門檻相對較低，然而寶石的鑑賞實則是

非常艱深的一門專業。珠寶在市場上是最常出現假貨的一個類型，比如許多偽裝成寶石的染色石頭，或是使用外觀相近的石頭替代真寶石，都是偽作常用的手法，需要有經驗豐富的鑑定師才能判斷真偽。

在法國，珠寶首飾所使用的石頭分為以下三種類別：

1. 貴石 Pierre précieuse
所謂的貴石在世界官方定義中包含四種原石：鑽石（diamant）、紅寶石（rubis）、祖母綠（émeraude）、藍寶石（saphir）。

2. 半貴石 Pierre fine
上述四種寶石以外的類型，如青金石（lapis-lazuli）、石榴石（grenade）、玉石（jaspe）等，皆為半貴石等級的石頭。

3. 有機寶石 Pierre organique
與礦物原石區別開來，有機寶石指的是像琥珀（ambre）、珊瑚（corail）、珍珠（perle）等動植物分泌、結晶所形成的天然寶石。有機寶石是古董珠寶中相當常見的一個類別，在質地

古董類型學

121

和顏色上有相當多的變化，比透明冷冽的礦物
貴石們多了一份溫潤和生命感。

珠寶商 / 珠寶家？
Bijouterie & Joaillerie

20 世紀以前，凡事製作、販售珠寶首飾的人，
一律都被稱作 bijoutier，其從事的行業就是
bijouterie。20 世紀以後出現了 joaillier 一詞，
意義上與 bijoutier 非常相近。普遍的定義裡，
bijoutier 是不分材料的等級，製作和販賣首飾
的人，也就是說即便不論是貴石＋貴金屬或是
普通石頭＋銅、錫等普通金屬、合金的組合，
都在 bijoutier 的領域之內。相反地，joaillier
只處理貴石，其金屬載體製作的最終目的為凸
顯石頭本身的魅力、價值。另外有一種常見的
說法是，bijoutier 為單純販售珠寶的商人，
joailler 則是專事製作的手藝人。實際上，
bijouterie 和 joaillerie 兩個詞義是相近到現
在一般人不會去細分的，兩個詞彙在日常用語
中有變成同義詞的趨勢。近幾年來，joaillerie
一詞被廣泛地用來指稱歷史較久或當代名氣響
亮的珠寶品牌，比 bijouterie 一詞更頻繁地被
使用。

奇幻首飾 Bijoux de fantaisie

Bijoux de fantaisie 不使用貴金屬（金、銀）

或貴寶石（貴石、半貴石），是主打設計的首飾類型。此類物件的價格大部分親民許多，便宜的二手奇幻首飾如戒指（bague）、項鍊（collier）、手環（bracelet）在 20、30 歐之間就可以買到，然而做工精巧的古董級別的奇幻首飾也所在多有，這類的「真古董」價格與貴石珠寶則是不相上下的。在舊貨市集上，奇幻首飾多在老奶奶的攤子上，與二手的名牌大衣、包包們一起出現。

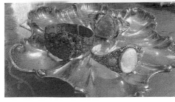

古董類型學

123

bijoux de fantaisie

使用非貴石的石頭材料或單純的合金金屬等首飾。圖為琥珀、月光石、綠松石等多種材料的手鍊飾品。

珠寶分級（2019 年更新）

1. 古董珠寶 Bijoux anciens ：
1970 年以前製作的珠寶首飾。

2. 舊珠寶 Bijoux modernes d'occasion：
1970 ～ 1990 年間製作。

3. 現代珠寶 Bijoux contemporains：
1990 年以後的製件。

古董類型學

124

古書 Livre ancien

書在古董市場算是相當特別的一個類型。除了書本身的文學價值，其裝幀、用紙、印畫等都是篩選古書的要見。收藏家不僅僅是愛好閱讀，也是將書當成一個單純的物件來欣賞。古書商雖然以販售精裝古書為主，但老舊的畫報、月刊、版畫、明信片等等紙類物品都會出現在古書店裡。

古書 livre ancien v.s. 舊書 livre d'occasion

在法國，書籍多以簡易裝訂的形式出版（書的外殼僅僅是一層較厚的紙），也就是所謂的平裝版。這類平裝書（livre broché）在二手市場就是所謂的舊書（livre d'occasion），無論是幾十年前出版的書，或是一個月前才出版，卻又立刻再被轉賣的，都是所謂的舊書。平裝版的書約在第一次世界大戰以後開始普及，在那之前雖然出版社也持續出版平裝書，不過當時的人們購買平裝書之後，會再拿到裝幀店將書重新「換衣」，變成所謂的精裝版書籍（livre relié）。精裝外殼更能保護書的內頁，並能依據客人的喜好裝幀不同的外殼。以年數來看，超過一百年以上的書本理所當然的都算是古書，然而對於 20 世紀之間出版的書籍，並沒有一定的年數來區分兩者。有一種說法是在市面上絕

古董類別學

版，只能在二手書攤找到的書就是古書，而在一般藏家和商人的眼裏，則習慣將一戰以前的精裝書籍視為古書，而一戰以後的平裝書視為一般的舊書。

書殼裝幀 Reliure

皮 Cuir

動物皮堅韌、耐磨且擁有獨特的觸感，可以說是書籍裝幀最理想也最「高貴」的材料。製作書皮需經過拔毛、清洗、攤平、鞣革、染色、切割等步驟，是相當費時的工程。製作好的皮料再經過壓印、燙金，為表面加上額外的裝飾。精裝書的用皮以牛和羊最常見，驢皮、鯊魚皮、母豬皮等其他動物的材料相對稀少。書市上現存的革裝古書以 18 世紀～ 1920 年間的作品為主。

法國常見革裝書皮種類

軋花革 Chagrin

最早的 chagrin 使用的是驢或騾臀部的皮，在後期普遍採用山羊皮製作。山羊皮軋花革的表面為均勻分佈的圓狀小顆粒，觸感特別受到藏家的喜愛。主要的生產高峰在 1830 年間。

犢皮（小牛皮 / 羊羔皮） Vélin

使用死產的小牛或小羊的皮來製作書殼，其皮

質柔軟細緻，擁有比成年動物更為明亮的白色色澤，是書皮材料相當珍貴的類別。小牛皮的 vélin 比小羊更為常見，因此講到 vélin，大家的第一認知是小牛皮。犢皮在法國的使用主要為中世紀〜 17 世紀，到 19 世紀以後就幾乎沒有了。

小牛皮 Veau

小牛皮是裝幀最常使用的皮類，擁有光滑無疙瘩的表面。原色為淺棕色，然而在許多的古書裝幀上通常是經過染色的色澤。

摩洛哥皮 Maroquin

摩洛哥皮其實是山羊皮，比小牛皮更光滑有彈性。使用該動物皮製作書籍的習慣起源自摩洛哥，因此被稱作摩洛哥皮。此類書皮通常會被染成綠、藍、紅等多種顏色。山羊皮的保存性質特別好，從 16 世紀開始就在歐洲廣泛地被使用，是書皮中的頂級材質。

古董類型學

127

裝幀形式

全：僅用一種材料裝幀書殼，如「全摩洛哥皮裝幀」。
半：書背、書角使用同樣的材料，或是書邊、書背使用同樣材料，剩餘的部分則是其他的材料（通常為大理石紋樣的彩色硬紙），如「半牛

皮裝幀」。

樸素裝幀 reliure janséniste：純皮革，不加任
何金箔和鑲嵌裝飾的裝幀。

精裝皮革書

精裝硬紙 Cartonnage

使用硬紙板裝幀，並加上燙金、彩色壓印等封
面設計，是相對簡易的精裝書殼，在 19 世紀以
後相當常見。

一般古書價值判斷基準

書況：包含內頁缺角、泛黃、污漬多寡等保存
狀態。

插畫：彩色或黑白、印刷質量。

落款題字：作家是否有親筆落款、題字，有無
名收藏家對書做上的註解等等。

版數：初版首刷的價值通常最高。

版本：不同版本其用紙和排版設計上會有所差
異。

裝幀：簡易平裝或精裝。

稀少性：在書市上尋得相同書籍的難易度。

內容影響價值

在法國的舊書市上，除了上述的價值判斷基準
之外，內容類型其實對書的售價有相當大的影
響。小說、詩集、散文等文字書或是插畫本因
為富有作者的原創性，再轉售的價值遠比知識
類的書籍（百科全書、百科圖鑒、教育類、歷
史類）來得高出許多。在新書的市場上，知識
類的書籍往往因為插入彩色照片、頁數厚重等
原因而售價不低，然而到了二手市場，就不是
那麼受歡迎的書籍了。

古書市

古書商經常會在古董舊貨的市集上出現，不過
他們也有自己專門的市集和活動。一年間有好
幾次，各種節慶性質的古書市集會在法國的各
地展開。在閱讀風氣旺盛的法國，不論是二手
書或古董書的市場，一直都保有穩定的客源。

以古書來說，中世紀 ～ 16、17 世紀的古本較
常在高級古書店或拍賣會上出現，而在集市上
販售的多以 18 世紀以後的物件為主流，其中尤
以 19 世紀 ～ 20 世紀初的最多。

古董類刊畫字

129

古董類型學

巴黎居家生活指南

130

1961 年出版。原作為 1391 年在巴黎出版的手抄本，記錄一切關於居家清潔、家庭禮儀等細節的生活指南書。將手抄本掃描、複印並加上印刷字體的易讀本為簡易裝幀的書籍。外殼的質料為硬紙框裱布，屬於「精緻平裝書」的舊書類型。

瑞士旅遊書

131

1893 年出版。19 世紀的旅遊指南常以小說
散文的形式為大家介紹旅遊地點,除了景點、
交通、旅店之外,也不忘提醒讀者出國該注
意的禮儀事項。內頁可以看到精細的版畫風
景、地圖,用手撫過紙張時能感受到 19 世紀
的印刷字體在紙張上造成的凹陷。

古董類型學

古董類型學

132

1839 年的法國年鑑

年鑑是舊時代相當流行的一種工具書，當中詳細記載了該年的重大事件、每月氣象、穀物收成、政治局勢、社會新聞、出生人口、死亡人口 …… 可以說是一年歷史的懶人包。年鑑（almanach）通常也與星象（astrologue）結合，因此每個月份的群星位置、月亮週期甚至運勢預言等內容都會記載在當中。照片中可見到內頁的迷你版畫插圖，使得密密麻麻的文字有了適當的呼吸空間。

古董類型漢字

巴黎古董
初階購物手札

古董類型學

134

巴黎古董
初階購物手札

巴黎市集
Marchés à Paris

巴黎古董
初階購物手札

市集類型

在巴黎，流動市集的資訊幾乎都在路邊尋得。想要尋找古董和舊貨的市集，最好的方法就是注意路邊的招牌和牆上的廣告。雖然賣的都是舊貨和古董，卻有多種不同的稱謂，以下為最常見的幾種：

§

古董舊貨 Antiquités et Brocante

顧名思義為古董商和舊貨商都會出現的市集。將古董擺在舊貨之前，意指該市集的古董多於舊貨。

§

舊貨古董 Brocante et Antiquités

舊貨多於古董的市集。

§

古董沙龍 Salon des Antiquaires

只有古董的集市，對於商人的篩選更加嚴格。使用沙龍 salon 一詞通常說明集市在室內舉行，不過也有露天市集使用 salon 一詞，比如每年六月在巴黎聖蘇比廣場（Place Saint Sulpice）舉辦的 Salon des Antiquaires。

§

舊貨 Brocante

單純以舊貨為主，沒有（或非常少）古董商的攤位。

巴黎古董
初階購物手札

§

舊貨 Braderie

Braderie 直譯成中文也是「舊貨集市」的意思。Braderie 通常指的是除了舊貨商之外，也有平常人把家裡不要的雜物拿出來販賣的混雜市集，通常舉辦在戶外，而且範圍廣大。Braderie 一詞的詞根 brader 是動詞「廉價拋售」的意思，說明在 braderie 裡可以用低價搜購物品。著名的里爾舊貨節法文名就是 Braderie de Lille，為全城性的二手市集慶典，除了古董商、舊貨商之外，還有一大半是普通人的雜貨攤位。

§

跳蚤市場 Marché aux puces

跳蚤市場一詞興起於 19 世紀。集市拍賣早期多為破銅爛鐵、舊衣舊布，因此給人不乾淨、窮酸的印象，被人形容為「充滿跳蚤的集市」，而這個負面形象源自於中世紀就有的露天拍賣。如今這個戲稱延續下來，成為舊貨市集的代名詞。

現今巴黎著名的跳蚤市場有三個：北邊的克里昂古（Clignancourt）、南邊的凡夫（Vanves）以及東邊的蒙特婁伊（Montreuil）。前面兩者保留著跳蚤市集的名稱，然而已經是名符其實的古董市集，販售的東西以裝飾藝品、銀器、古董傢俱等為主，擺攤的大部分都是專職商人。

後者則還有相當多的舊衣雜貨，質量相對比前
兩者低。

跳蚤市場並不專指有古董舊貨的市集，但有些
古董舊貨市集會使用跳蚤市集來當作名稱。

§
閣樓出清 Vide-grenier

閣樓出清是社區舉辦的里民活動，每個月不定
時在巴黎各區出現。此類的集市多為尋常人家
將不要的舊物拿出來拍賣，因此價格是所有舊
物市集中最低的。少許的舊貨商會到閣樓出清
擺攤，但古董商則幾乎不會。

若在路邊看到這些關鍵字，就算不懂法文也能
輕鬆找到市集。

巴黎市集

巴黎古董
初階購物手札

市集禮儀

近年來外國客人愈來愈多，在市場上發生不少
因文化習慣不同（或是單純的禮貌不足），而
讓法國商人倍感冒犯的事情。不管是踏入一般
的店家或是逛露天集市，請大家務必遵守以下
幾點規則：

§

做足招呼禮貌

Bonjour！Merci！Au revoir！

法國人習慣在踏入店裡的第一刻就向店主打招
呼，即便他不一定會答腔，這是一種宣告「打
擾了，我進來囉！」的方式，就像按電鈴一樣
通知主人有訪客來了。大部份的老闆都會友善
地向你打招呼，離開前也會一定會互道再見。
走之前除了說再見，也要記得說一聲謝謝，即
使你什麼東西都沒有買。
Bonjour！你好！
Merci！謝謝！
Au revoir！再見！

§

拍照前要經過同意

大部分的店家都對擅自拍照這件事反感。尤其
在近年中國遊客增多之後，市場上流傳著「中
國人拍照是為了回去做贗品」的風聲，因此對
亞洲遊客不經同意就拍攝店內物品的行為相當

巴黎市集

反彈。無論如何，擅自拍照都是不禮貌的行為。看到擺設相當漂亮的店家或是精美的物件，自然地會想拍照保存下來，這時候請先經過店家同意。只要詢問過，通常店家都會很樂意讓你拍照。

§

備妥零錢，50 歐以下的東西以現金支付

即使有愈來愈多店家配有刷卡機，在市集還是以現金交易為主。50 歐以下的東西若刷卡購買，店家必須再付額外的稅額，因此大多不會讓顧客刷卡。

巴黎市集

140

市集旺季

許多人都知道，法國是一個相當擅長放假的國家。即便不是學生，也有相當長的寒暑假時間，這個時節店家幾乎都會歇業去度假，因此若想在十二月底、八月時來法國淘貨，非常有機會白跑一趟。市集的旺季與拍賣季是相同的，一年中主要為春、秋兩大季。

§
秋季 九月～十二月中

法國人的暑假相當漫長，從六月開始就會陸續出去放假，直到八月底才慢慢回來。九月被法國人稱作 la rentrée（復工），跟學校的「開學」是同一個詞。對於法國人來說，一個工作年通常從秋季開始算起。九月初商家陸續開張，拍賣行也開始舉辦拍賣，十月中～十一月中則是年度的旺季，所有的大拍賣、大集市都在這個區間舉辦，再來到了十二月就開始準備放聖誕假期了。

§
春季 三月～六月

十二月的聖誕假期連著元旦，到了一月二號後商家就會開始復工，三月則是集市、拍賣的高峰期。六月開始拍賣漸漸減少，集市也不那麼頻繁，到了七月就又差不多開始放暑假了。

巴黎市集

巴黎古董
初階購物手札

短期市集
Marché événementiel
§

里爾舊貨狂歡節 Braderie de Lille

地點：里爾市 Lille

時間：每年九月第一個週末

交通：從巴黎搭乘火車　巴黎北站（Gare du Nord）--> 里爾歐洲（Lille Europe）或里爾弗拉芒（Lille Flandre）站，車程約 1 小時

每年九月第一個週末在里爾舉行的舊貨市集是全城性的大事典，搶先為一年中的秋季市場揭開序幕。從週六早上八點一直到週日下午六點將近三十四個小時不間斷的集市，每年都吸引大批法國和鄰近國家的遊客前來歡慶。除了舊貨攤位之外，中心廣場的餐廳也會提供無限量的啤酒和牡蠣，不眠不休地玩樂整個週末，是相當特別的慶典。

里爾的集市以舊貨和一般人家的二手雜物為主，品質較好的舊貨攤商通常會聚集在自由大道上（Boulevard de la Liberté），其他街道和小巷則多為二手雜物、普通人家的臨時擺攤。一些巴黎或其他省份的法國商人也會特地前來擺攤，鄰近國家（荷蘭、比利時、德國、英國）的愛好者或同行也會前來淘貨。

142

里爾舊貨節的中心
自由大道（Boulevard de la Liberté）
聚集了來自法國各地的舊貨商。

店家所擺設的貼心告示：
「價錢誠可議，只需有禮貌」

巴黎古董
初階購物手札

代替父母看店的小妹妹

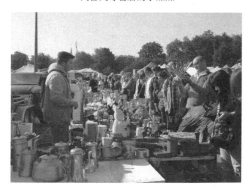

靠近里爾城堡（Citadelle de Lille）的區
域面積更為寬敞，方便容納大量的人流。

巴黎古董
初階購物手札

即使是不起眼的瓶蓋，也有專業的商家和收藏者。

巴黎市集

145

§
夏圖古董市集 Foire de Chatou

地點：巴黎近郊水上小島

Île des impressionnistes 78400 Chatou

時間：（秋）九月底 ～ 十月初；（春）三月中，
一次為期 10 天，每天 10:00 ～ 19:00

交通：巴黎市中心搭乘 RER A 線至 Rueil-
Malmaison 站 1 號出口換乘接駁車

門票：6 €

沿著塞納河的水流離開巴黎，進入位於西北邊
的市鎮夏圖。貫穿小鎮的河流上有一座「印象
小島」（île des impressionnistes），每年春、
秋季各舉辦一次全法國最具代表性的古董舊貨
市集。

夏圖古董市集的前身為巴黎最古老的肉舖市集
（Foire aux lards），從中世紀就存在，以販
售豬肉、肉腸、豬油、內臟等產品為主。1840
年開始，肉舖集市逐漸與舊貨商販合併，並在
1970 年間從巴黎移至市郊的印象小島，成為現
的的夏圖市集。一年兩次，小小的島上聚集了
一百多個古董商，加上一條專賣豬肉、鵝油、
葡萄酒、生蠔的農牧產品街，整座島就像一個
遺世獨立的購物樂園。

146

在法國眾多的古董市集中，夏圖的專業度和整體品質可以說是數一數二。參加的商人除了品質經過認證的舊貨商之外，大部分都是專精型的古董商，從傢俱、瓷器、銀器餐具到畫作等等都有專門的商舖。除了以上幾個常見的古董品項，也有販售老舊樂器／音樂盒、動物化石／昆蟲標本、非洲原民藝術、中國古玩、高級鋼筆、洋娃娃等相當多樣的店家。夏圖也是少數有請鑑定師巡邏檢視商家品質，並為訪客提供免費鑑定服務的市集。

注意：

1. 印象小島位於塞納河的中央，島上的天氣相較於巴黎市區來說有些極端，尤其在陰晴不定的三月，突然颱風、下大雨或下冰雹之後又立刻出大太陽都是有可能的。如果在三月前往市集請注意備妥防寒衣物。

2. 欲搭乘接駁車前往市級的人，請在 RER A 線 Rueil-Malmaison 站 1 號出口等車，出口會有接駁車的班次表。想要步行前往的人建議從 Chatou 站下車，腳程約 10 分鐘。從 Rueil-Malmaison 站雖然也可以步行前往，但是路線必須經過大型公路，較為複雜。

3. 夏圖市集有一大部分是常駐店家，一些則是新的商人。市集上的攤位並不會顯示店家名字。如果想要尋找特定的商家，可以到入口旁的服務處詢問或查詢牆上的商家列表。

代表夏圖市集的小豬 logo，是古董市集的前身—肉舖市集的象徵。夏圖市集的正式名稱為「夏圖市集—古董舊貨 & 火腿的市集」。

代表肉舖傳統的粉紅小豬在市集上的餐廳街隨處可見。

巴黎古董
初階購物手札

巴黎市集

來往地鐵站和市集之間的接
駁車是可愛的電子小火車

149

巴黎市集

150

市集街景

巴黎古董
初階購物手札

雜貨型古董商

各時代的傢俱、燈飾、裝飾品一應俱全。照片為夏圖市集的常駐商家 PELE-MELE，以 17～18 世紀的優良木頭傢俱到新藝術／裝置藝術時期的燈飾品為主。

151

巴黎市集

152

專精型古董商
皮箱、油畫、標本等專賣店

巴黎古董
初階購物手札

巴黎市集

153

巴黎古董
初階購物手札

巴黎市集

154

小島中央的罩頂攤位區是高級古董商和現
代藝術商的聚集地，也是整個市集價位最
高的區域。

巴黎古董
初階購物手札

§
聖蘇碧廣場古董沙龍
Salon des Antiquaires de Saint Sulpice

地點：巴黎六區 聖蘇碧廣場
Place de Saint Sulpice 75006

時間：每年六月中（為期 10 天）
每日 11:00 ～ 20:00

交通：巴黎市區 地鐵 4 號線 Saint Sulpice 站
或 10 號線 Mabillon 站

門票：免費

聖蘇碧相較前面兩個市集規模縮水許多，屬於
巴黎市區常見的集市大小。古董沙龍顧名思義，
是古董商專屬的市集。這裡的攤商雖然相對較
少，但也都是經過篩選的店家，展售許多精緻
的品項。組織古董沙龍的為聖蘇碧廣場集市協
會（Foire de Saint Sulpice），除了古董沙龍
之外，這個協會也長期為廣場舉辦舊書拍賣、
版畫拍賣、現代藝術等不同的集市活動。

巴黎市集

155

156

聖蘇碧廣場 2018 年的古董沙龍邀請卡。雖然活動為免費自由入場，參與的商家仍會以廣發邀請卡的方式來做宣傳。

巴黎古董
初階購物手札

§
全年流動市集～ SPAM

巴黎有多個協會組織的流動市集，其中最常見
的為 SPAM 所組織的假日舊貨市集。 SPAM 一
年中會不斷地在巴黎市中心「巡迴」設攤，每
個定點停留一個週末，因此可以在各區的街道
上撞見他們。想要知道每週設攤的地點，除了
在 SPAM 的集市上拿取行事曆，也可以上官網
查詢當月動態。登記參加 SPAM 的商人可以每
週自由決定是否參加，因此每次能見到的商販
都不盡相同，市集的大小也會依照路面的寬度、
長度而有所變化。這個市集以舊貨為主，古董
為輔，高品質高單價的物件相對稀少，平均價
格上親民許多。除了舊貨集市之外，SPAM 也
會定期在巴黎各區舉辦閣樓出清的活動。

SPAM 官方網站：www.spam.fr

巴黎市集

巴黎市集

158

SPAM 市集街景
SPAM 的主攤位上可以領取該年的行事曆

巴黎市集

巴黎古董
初階購物手札

常駐市集
Marché permanent
§

聖圖安 Puces de Saint Ouen

地點：巴黎北邊
Rue des Rosiers, 93400 Saint Ouen

時間：週六～週一 8:00 ～ 19:00

交通：巴黎地鐵 4 號線至 Porte Clignancourt
步行約 10 分鐘，公車 85 號直達 Marché aux
puces 站。

門票：免費

座落於巴黎北邊的聖圖安跳蚤市集（Puces de
Saint Ouen）其實包含了四個不一樣的市場：
Biron、Vernaison、Dauphine、Paul Bert
Serpette。Paul Bert Serpette 以現代傢俱、
現代藝術為主，Biron 則是高檔的古董精品店
和藝廊，Vernaison 和 Dauphine 則是古董、
舊貨混雜，也是最多遊客光顧的區域。作為巴
黎最有名的常駐市集，許多遊記和旅遊書上都
有聖圖安的相關資訊。這裡的商家都存在已久，
許多甚至是父母和子女兩代都在市場設攤。

注意：

1. 聖圖安市場位於北邊治安較混亂的區域。天
黑以後出沒的人口比白天複雜，請盡量避免在

晚上逗留此地。

2. 從地鐵口到市集的路程中也會經過許多混亂的違法攤位（販售運動衣、電器用品等等），想要避開的人可以選擇在巴黎市區搭乘 85 號公車，直接到跳蚤市場門口下車。

3. 市集開張的官方時間是週六～週一早上八點到下午七點左右。實際上每個店家的營業時間相當彈性，基本上是十點半～十一點間才會開始營業，到了下午五點以後就開始收攤。生意不好的時候，三四點就關門的店家也是所在多有。另外，週一營業的店家也相當稀少，主要集中在週六和週日。建議最好在六日早上十一點～下午三點間拜訪，才能逛到所有的店鋪。

161

Vernaison 市場是聖圖安最多人造訪的區域。

巴黎市集

162

Vernaison 咖啡壺專門店
是一間專門販售手磨咖啡壺的商家。店址：
Marché Vernaison, Allée 10, Stand 244

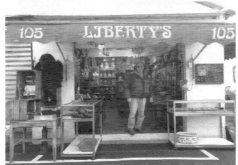

巴黎市集

163

Vernaison 時鐘專門店

由一對老夫婦經營，店裡可以找到 18 世紀～ 20
世紀的座鐘。門口的玻璃櫃則有一些首飾、香水
玻璃瓶等平價小物。店址：Marché Vernaison,
Allée ⅗, Stand 105

巴黎市集

164

Paul Bert Serpette 位於路的底端，道路較寬敞，以現代畫廊、近代摩登傢俱和裝飾品為主。

Biron 市場入口，與 Vernaison 相鄰，以高級古董藝廊為主。

Dauphine 市 場 位 於 Vernaison 正 對
面，是聖圖安唯一一個在室內的市場。

§

凡夫 Puces de Vanves

地點：巴黎南邊 Avenue Marc Sangnier、
　　　Avenue Georges Lafenestre,75014 Paris
時間：每周六日 7:00 ～ 13:00
交通：地鐵 13 號線底站 Porte de Vanves 站
或 電車 3a 線 Didot 站
門票：免費

身為巴黎第二有名的跳蚤市場，與聖圖安各自
坐落南北一方，凡夫市場是典型的露天市集，
範圍主要分佈在 Marc Sangnier 和 Georges
Lafenestre 兩條大馬路邊，面積比聖圖安小。
凡夫市集開張的時間相當短，只有每周六日的
早上時段，到下午一點就差不多開始收攤。和
聖圖安一樣，凡夫市場擺設攤位的多是專業的
古董和舊貨商，其中以舊貨商居多，然而整體
上來看，專業商人的數量還是比聖圖安來得少。
凡夫市集最精華的段落位於 Marc Sangnier 這
條路上，走到 Georges Lafenestre 之後，愈
往南邊愈多普通的舊衣舊鞋。凡夫市集上有幾
個專職的舊貨商不只會出現在巴黎，也會定期
到法國其他城市的市集，如里爾的舊貨節擺設
攤位。

注意：

1. 凡夫市集收攤時間相當早，有些甚至十二點半就開始打包離開，然而開張的時間也不是很早，多在十點才擺好攤。建議大家在十點～十二點間來比較保險。

2. 近年來光顧凡夫市場的觀光客相當多，以至於有些攤位開始不正常地將商品漲價。雖然北邊的聖圖安也不便宜，但並沒有太多亂抬價的情況。以整體的性價比來說，若想在凡夫市場購物必須更加謹慎三思，仔細觀察商品的質量以及價錢的比例是否合理。

巴黎市集

168

凡夫市場主要道路 Avenue Marc Sangnier 景象。

§
喬治布列桑公園 舊書市集
Marché du livre ancien et d'occasion
Georges-Brassens

地點：104 Rue Brancion
　　　（Parc Georges-Brassens）75015, Paris
時間：每週六日 9:00 ～ 18:00
交通：地鐵 12 線 Convention 站 或 13 線 Plaisance 站步行 10~15 分鐘，電車 3a 線 Georges-Brassens 站步行 5 分鐘。
門票：免費

位於巴黎南邊的喬治布列桑公園（Parc Georges-Brassens），每週末會舉辦舊書和古書的專門市集。從 2 ～ 3 歐的二手童書、偵探小說、經典文學、樂譜到古董級的畫報、版畫、精裝書籍等一應俱全。

注意：
許多舊書的裝幀經過年歲後變得相當脆弱。在翻閱這類的書本時必須避免把書整個攤平，使得書頁散開。

巴黎市集

169

巴黎市集

170

從公園主要入口進去最左邊就是書市入口，
也可以從外面的馬路 Rue Brancion 進入。

書市內景

巴黎市集

171

巴黎古董
初階購物手札

巴黎市集

172

Dhouailly 書店

是喬治布列桑的常駐商家之一，以販賣日本古書、法
國精裝書、彩色童書等精品為主。老闆是一對法日夫
妻，日籍老闆娘相當親切好客，會與客人開心的攀談。
每一本書都有塑膠膜的包裝保護，書本的擺設也經常
換置，能夠充分感受到愛書人對書本的珍重。

閣樓出清
Vide-grenier

巴黎市中心（75 省）總共劃分為 20 個區，每一區都會不定期地舉辦閣樓出清的里民活動。法國的舊貨古董市集唯有職業舊貨商和古董商能夠參加，而且必須要付錢租攤位，閣樓出清則是任何人都可以免費擺設攤位的活動。想要知道巴黎閣樓出清的資訊，可以上網站 https://vide-greniers.org 查詢，一般市區的舊貨市集（如上述的 SPAM）也都會顯示在上面。

閣樓出清是所有二手集市中平均價格最低的，但大部分出售的物品就是人家家裡不要的普通雜物，並沒有所謂的藝術價值。即便如此，也會有不識貨的人家將頗具價值的物品當作一般的舊物賤價出售，這時候識貨的人便是撿到寶了。在閣樓出清淘貨的最大樂趣就在於此。

173

巴黎 16 區的閣樓出清

174

閣樓出清一大部分是人家家裡不要的
普通物品，並沒有所謂的藝術價值。

巴黎古董
初階購物手札

附錄
拍賣行 Maison de vente

拍賣行與市集的性質是相當不同的，然而兩個世界卻緊密地相連著。對於一些古董商、舊貨商來說，拍賣會（vente aux enchères）是他們的主要貨源。來自法國各個古老家族的家傳物品、同行放到拍賣會做售賣的物件等等，都是他們的購買目標。

一般人對於拍賣行的認識，大概是佳士得（Christie's）和蘇富比（Sotheby's）這兩間全球性的大公司。這兩間拍賣公司的拍賣會裡，人人都是衣衫筆挺，競標者似乎都必須俱有一定的社經地位才可入場。在巴黎的本地拍賣中心德魯奧（Drouot）則完全不是這麼回事。

§
德魯奧拍賣中心 Hôtel Drouot

地點：9 Rue Drouot, 75009 Paris

交通：地鐵 8 號線 / 9 號線

Richelieu Drouot 站

時間：週一～週五 11:00 ～ 19:00（無拍賣或預
展時不開放）

德魯奧拍賣中心本身並不是一間拍賣行，而是
接納巴黎大大小小拍賣行的空間。中心總共有
三層樓，並有十多個場地（salle）提供不同的
拍賣行同時間在中心裡做預展和拍賣。想要在
德魯奧的場地做拍賣，也必須有相當的資本額
才能登記「入會」。許多巴黎以外的小拍賣行
偶爾有重要的拍品，便會與巴黎的大拍賣行進
行合作，使用該公司的名字進入德魯奧中心舉
行拍賣會。

每逢春秋兩大旺季，德魯奧中心的人流總是絡
繹不絕。想要進去參觀預展或拍賣會不需要任
何門票，也就是說任何人都可以自由進入。旺
季期間的德魯奧就像一個另類的博物館，人人
皆可近身觀賞高價珍稀的藝術品，甚至親手觸
摸、把玩。

預展

拍賣會前一兩天會舉行所謂的預展，展出所有
的拍品。每件拍品都會標上號碼順序，對應目
錄裡的品項。拍賣會以單一類型為主題（如珠
寶拍、古書拍、大洋洲藝術拍等）或混拍（畫
作兼傢俱、銀器兼珠寶等）都有，偶爾也會有
專門為一個大的收藏家做藏品拍賣，不過這類
的情況比較難得。預展期間任何訪客想要觸碰
拍品都是允許的，不過還是先經過同意比較好。
比較脆弱或禁止一般人觸碰的品項（如舊書、
瓷器、扇子等）通常會鎖在透明玻璃櫃裡，想
要拿出來看必須經過工作人員同意。展場的拍
賣目錄也可以購買，通常價格在 5～20 歐之間。
老客人因為常年在這裡進出，所以不喜歡出錢
買拍賣錄，在混亂的預展裡時常發生拍賣錄被
順手拿走的情形。

拍賣

拍賣會同預展，都是開放自由入場的，無論是
佳士得、蘇富比還是德魯奧，即使沒有要參加
競拍也可以去旁觀。德魯奧的拍賣會相當「隨
性」，老客人因為時常碰面所以互相熟識，拍
賣官也會不時地會跟台下的觀眾鬥嘴，氣氛相

當熱鬧。除了現場競拍的客人之外，也有電話
連線和網路競拍的買家。為了防止誤判買家或
價錢喊錯等造成爭議的情況，每場拍賣會皆是
有公開錄影的。另外也請注意，雖然預展期間
可以自由的拍照，拍賣會開始之後則不行。

德魯奧中心
(9 Rue Drouot, 75009 Paris)

巴黎古董
初階購物手札

主要入口處右側放置當月的拍
賣目錄，供大家免費翻閱。

附錄：拍賣行

180

預展

巴黎古董
初階購物手札

附錄
小字典 Lexique

Acajou 桃花心木
Almanach 年鑑
Ancien Régime 法國大革命前的舊制時代
Antiquités 古董
Antiquaire 古董商
Applique (de lumière) 壁掛燭台、壁燈
Archéologue 考古學家
Argenterie 銀器 / 銀工
Argent massif 純銀
Armoire 壁櫥
Art de la table 餐桌藝術
Art Déco 裝置藝術時期
Art Nouveau 新藝術時期
Arts & Craft 英國 19 世紀的的美術工藝運動
Assiette 盤子
Baccarat 巴卡拉水晶
Bague 戒指
Banc 長椅
Baroque 巴洛克風格
Bijou 珠寶
Bijouterie 珠寶工藝
Bol 碗

Bourgeois 布爾喬雅（中產）階級

Braderie 舊貨市集

Brocante 舊貨市集

Brocanteur 舊貨商

Bronze doré 銅鎏金

Cabinet 收藏櫥

Cabinet de curiosités 珍奇寶物室

Cadre 畫框

Cartonnage 精裝硬紙（書）

Caryatide 女像柱

Cerisier 櫻桃木

Chaise 椅子

Chêne 橡木

Coffre 長條形的箱子、舊時用的旅行箱

Collier 項鍊

Commode 抽屜櫃

Corps 傢俱的主軀幹

Coupe (de champagne) 香檳杯

Couteau 刀子

Cristal 水晶

Cristallerie 水晶工藝

Cuillère 湯匙

Dessin ancien/moderne 古素描 / 近代素描

Dorure 鍍金

Daum frères 新藝術時期玻璃廠牌 多姆兄弟

Ebène 烏木

Ebéniste 細木工匠
Ecaille de tortue 龜殼
Eclectisme 拿破侖三世時期的折衷主義
Ecole de Nancy 法國新藝術時期的南西流派
Empire 拿破侖帝國時期
Encrier 墨水臺
Espagnolette 傢俱邊角常見到的女人頭像
Estampe 版畫
Faïence 彩陶
Faïencerie 彩陶工藝
Filigrane 紙張上的浮水印
Fourchette 叉子
Galerie 藝廊
Galeriste 藝廊主
Gallé (Émile) 加雷，新藝術時期代表藝術家
Gravure 版畫
Horloge 時鐘
Horlogerie 時鐘工藝
Ivoire 象牙
Joaillerie 珠寶工藝
Lettre-date 字母年，在銀器控制章、18 世紀
　　　　　　的賽夫瓷器上會出現
Livre (ancien) 古（書）
Livre broché 平裝書
Livre d'occasion 二手書
Livre relié 精裝書

附錄：小字典

183

Lumière 燈

Luminaire 燈飾

Maison de vente 拍賣行

Majolique 馬約里陶器

Manufacture 工坊

Marbre 大理石

Marché aux puces 跳蚤市集

Marché bric-à-brac 雜貨市集

Marchand ambulant 流動商家

Marchand généraliste 雜貨型商家

Marchand sédentaire 固定商家

marchand spécialiste 專業型商家

Marque 標識

Marqueterie 鑲嵌

Mascaron 怪面飾

Médiéval 中世紀的

Meissen 邁森瓷器

Murano 穆拉諾島

Objet d'art 裝飾藝品

Or 金

Peinture 畫作

Poinçon（銀器）控制章

Porcelaine 瓷

Pot-pourri 香花爐

Rocaille/Rococo 洛可可風格

Sapin 冷杉

Soupière 湯碗
Tabatière 菸盒
Tableau 畫作
Thermomètre 溫度計
Verre 玻璃
Verrerie 玻璃工藝

附錄：小字典

巴黎古董
初階購物手札

結語

首先謝謝大家購買本人的拙作。

關於一些沒有在本文提及,卻有可能會讓大家
好奇的地方,我在這裡儘量補充:

1. 本書所有的資訊皆來自與法國當地的職業商
人、鑑定師的訪談,以及圖書館內相關書籍、
網路上公開的法律資料等整理節錄。

2. 本書所有的照片來源皆是個人拍攝。除了在
公開場合如拍賣預展、集市現場,經過商家同
意所拍攝的照片之外,也包含一些個人收藏品。

3. 本書中所有的插圖皆是參考真實存在的古董
和法國國家圖書館收藏的素描所翻畫出來的。
除了銀器、瓷器、素描三個章節裡有作者本人
的拙劣塗鴉,其他皆是出自工藝精湛的插畫家
之手。兩者的風格差異相當明顯,這邊就不再
詳述誰畫了什麼。

4. 如果對古書有興趣,推薦大家去看日本法國
迷鹿島茂教授的著作《古書比孩子重要》可以

獲得更多相關的資訊。

5. 法國每年有數以千計的市集舉行，臨近的國家如比利時、盧森堡、英國等都有一些相當值得注意的大事典，且有更多在法國看不到的古董。由於範圍過於龐雜，本書只集中介紹旅遊勝地巴黎和其周圍的重點市集，也因此只以法國古董類型為主。

6. 許多藝術品的鑑定細節、購買的關稅、海關資訊等無法一一詳述，加上法規每年都不斷地在進化以及本書篇幅有限，未來若有機會出版「進階指南」會再多加相關資料。請大家見諒。

7. 附錄 2 的小字典並沒有完全記錄全文裡提到的所有法文單字，只有選取其中最常出現在集市上的單詞。是以實用性為第一考量的不完整字典。關於法文中陰陽性、單複數的變化，由於本書不是法文教學書，因此也不納入。

感謝各位的閱讀，祝未來的巴黎之旅順利愉快。

2019 年 11 月

相片資訊

1. Livre de Police, prise à SNCAO (Syndicat National du Commerce de l'Antiquité, de l'Occasion et des Galeries d'Art moderne et contemporain.)
2. Solitaire, collection privée
3. Tabatière, collection privée
4. Thermomètre, collection privée
5. Cabinet vers 1680, prise à Drouot le 14 nov. 2019, vente du 15 nov. 2019, Mirabaud Mercier, lot 120
6. Prise à Drouot le 17 oct. 2019, vente du 18 oct. 2019, Olivier Doutrebente, lot 172
7. idem, lot 178
8. Table d'Émile Gallé, prise à la Foire de Chatou le 11 mars 2018, chez PELE-MELE
9. idem
10. Meuble art déco, idem
11. Horloge époque Louis XV, collection privée
12. Horloge Louis XVI, Witches'Treasures (Taipei, Taiwan)
13. Horloge Louis Philippe et ses pendants, prise à la Foire de Chatou le 11 mars 2018, chez PELE-MELE
14. Horloge époque Napoléon III, prise aux Puces Rouennaises le 26 janvier 2019
15. Lumière Art Nouveau, prise à la Foire de Chatou, octobre 2018
16. idem.
17. Argenterie Art Nouveau, Witches'Treasures (Taipei, Taiwan)
18. Service de toilette en argent et le coffre de voyage, J.C. Triton Art Gallery
19. Verseuse, J.C.Triton Art Gallery
20. Christofle (marque), Witches'Treasures (Taipei, Taiwan)
21. Couvercles en métal argenté, idem

巴黎古董
初階購物手札

22. idem
23. Pot à pommade, prise à Drouot le 17 oct. 2019, vente du 18 oct. 2019, Olivier Doutrebente, lot 48
24. Sceau à verre, idem, lot 47
25. Tabatières Meissen, collection privée
26. Encrier Dresde, collection privée
27. idem
28. idem
29. Tabatière Meissen, prise aux puces Saint-Ouen, marché Biron, octobre 2019
30. Serviettes Meissen, idem
31. Figurines Meissen, idem
32. Soupière Sèvres, prise à Drouot le 17 oct. 2019, vente du 18 oct. 2019, Olivier Doutrebente, lot 69
33. Sceau à liqueur, idem, lot 63
34. Pot-pourri Samson, Witches'Treasures (Taipei, Taiwan)
35. idem
36. Verrerie Murano, prise à la galerie Marie Maxime le 24 octobre 2019, rue des Saint-Pères
37. Verres en cristal Saint Louis, Witches'Treasures
38. Verres en cristal Baccarat, prise aux puces Saint-Ouen, marché Vernaison, mars 2018
39. Estampe Vue d'optique XVIIIème siècle, collection privée
40. idem
41. Portrait, prise à Drouot le 14 nov. 2019, vente du 14 nov.2019, Aguttes, lot 40
42. Portrait, idem, lot 30
43. Bijoux de fantaisie, Witches'Treasures (Taipei, Taiwan)
44. idem
45. Livre d'occasion, collection privée

189

相片資訊

46. Livres anciens, collection privée
47. idem
48. idem
49. idem
50. idem
51. Braderie de Lille, prise au septembre 2018
52. idem
53. idem
54. idem
55. idem
56. Petit train de la Foire de Chatou, octobre 2019
57. Cochon, prise sur la Foire de Chatou, mars 2018
58. idem
59. Foire de Chatou, octobre 2019
60. idem
61. idem
62. idem
63. idem
64. idem
65. idem
66. idem
67. idem
68. Carte d'invitation du Salon des Antiquaires Place Saint Sulpice, juin 2018
69. SPAM, sur avenue du Général Leclerc, novembre 2018
70. idem
71. idem
72. idem
73. Puces de Saint-Ouen, marché Vernaison, octobre 2019
74. idem
75. idem
76. idem, novembre 2019

77. idem
78. idem
79. Puces de Saint-Ouen, marché Biron, octobre 2019
80. Puces de Saint-Ouen, marché Dauphine, octobre 2019
81. Puces de Saint-Ouen, marhcé Paul Bert Serpette, octobre 2019
82. Puces de Vanves, septembre 2018
83. idem
84. idem
85. Marché du livre ancien, parc Georges-Brassens, décembre 2019
86. idem
87. idem
88. idem
89. idem
90. idem
91. Vide grenier du 16e arrondissement de Paris, septembre 2018
92. idem
93. Drouot, novembre 2019
94. idem
95. idem
96. idem

相片資訊

巴黎古董
初階購物手札

特別感謝
Remerciement

§

Mary Baird-Smith - Cabinet De Bayser
Vincent Lecomte
Christophe Richem - PELE-MELE
SNCAO - Foire de Chatou

§

女巫藏寶 西洋古董傢俱
J.C. Triton Art Gallery 林如禪
珠寶鑑定 李玥頔
印書顧問 張君豪

§
女巫藏寶 歐洲古董傢俱＆家飾
Witches' Treasures Antiques

台灣 台北市士林區忠誠路二段 178 巷 5 號
No. 3, Ln. 178, Sec. 2, Zhongcheng Rd.,
Shilin Dist., Taipei, Taiwan

週一～週日 13:00~18:30

Facebook / 天母女巫藏寶西洋古董傢俱
@witchestreasures
Instagram / @witchestreasures_antique

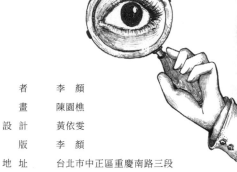

作　　　　者	李　顏
插　　　　畫	陳園樵
排 版 設 計	黃依雯
出　　　　版	李　顏
出 版 地 址	台北市中正區重慶南路三段 16 巷 20 號 4 樓
電　　　　話	(02) 28738572，0919311763
代 理 經 銷	白象文化事業有限公司
初 版 二 刷	2020 年 3 月
售　　　　價	320 元

巴黎古董
初階購物手札